日本の教師に伝えたいこと

大村はま

筑摩書房

日本の教師に伝えたいこと　＊　目次

日本の教師に伝えたいこと

いきいきとした教室

いきいきとした教室とは

いきいきとした教室、これは全部の先生の悲しいほどの願いです。

この「いきいきとした教室」というのは、単なる明るい教室、元気のいい教室とは違います。「ハイハイ」「ハイハイ」と手をあげている、そのような程度ではないのです。「いきいきとした教室」というのは、ひとりひとりが、それぞれに、確実な成長感というのでしょうか、一歩一歩高まっている、自分が育っている、という実感といったらよいでしょうか、それが持てる教室のことなのです。もちろん、子どもはそんな表現でとらえてはいませんが、自分が伸びていると感じることは、ほんとうに、人をいきいきとさせます。心の底から溢れ出てくるものがあります。

できたの、できないのと、喜んだり悲しんだりしている世界ではなくて、みんなが、それぞれの成長を願い、一所懸命生きている教室が、ほんとうに、いきいきしている教室だと思います。また、そこで仕事をしている教師その人が、その教室で成長していない教室は、いきいきとしそうもありません。昨日よりも今日というふうに、何か気づいたり工夫したりして、教師自身に成長の実感がなくては、いきいきと指導にあたる力、子どもを動かす迫力が、出てこないと思います。

教師の仕事はこわいもので、あり合わせ、持ち合わせの力でやっていても、やさしく、あたたかな気持ちで接していれば、結構、いい雰囲気を作れるものです。子どもはもちろん、父母や同僚とも、いい関係を持っていけるものです。いい教師で過ごせるものです。そこが、こわいところです。安易に流れず、なんとかすますのでなく、人を育てるほんとうの仕事を見つめ、畏《おそ》れながら、力を尽くしたいと思います。端的に言えば、あり合わせ、持ち合わせの力で、授業をしないように、ということです。何事かを加えて教室へ向かい、何事かを加えられて教室を出たいと思っています。「いきいきと」させるものは、そういうところから生まれてくると思います。

言いたくないことば

まず「なになにしなさい」ということばをやめることです。「姿勢をよくしなさい」「もっとよく考えなさい」「勉強しなさい」「きれいに書きなさい」などと、教師がこうなったらいいと願っていることを、「なさい」ということばをつけて子どもに言う、これは専門職の教師としては、たいへん、みっともない気がします。その、「なになにしなさい」というのは、だれでも、みんな、言えることばです。教師でない人でもだれでも言えます。「なさい」「なさい」は、子どもの周りに満ちています。ですから、そのことを子どもに自然にさせるように指導することを仕事にしている人、つまり教師が言うことばとしては、たいへん、らしくないと思うのです。「なさい」と言いたいことを、そう安易に言わないで、自然に子どもにさせてしまう人、そういう人が教育の専門家らしい人だと思います。漢字なら漢字を一生忘れないように、一生使っていけるように身につけさせるのが、教師の仕事。子どもが忘れたということは、それほど子どもの心に深く刻むことが出来なかったということでしょう。忘れてはいけないことは、忘れられないようにする、たいへんなことですが、専門職の教師としての心構え・覚悟は、そこに置かなければと思います。

ことば・語いの学習

基礎学力はまず漢字から、と思っているのではありませんが、漢字を身につけさせること、漢字を使いこなせるようにすることは、国語科の教師の大事な仕事だと思います。漢字を一生忘れないように教えないと困ります。

それを、「よく復習しておきなさい」「しっかり勉強しておきなさい」などと、「なさい」「なさい」ということばを言わないで、確かに漢字を子どもの心に刻むことはできないでしょうか。そういうふうに考えるのが教師の生き方です。

中学校の国語教室の実際では、五十字から七十字くらい、小学校で教わったもので、覚え損なったと思われる漢字があります。もちろん、子どもによって数はいろいろですが、多いと、このくらいはあります。それを確かに子どもたちの頭に刻みこもうとして、いろいろ試みるわけです。漢字の学習といえば、漢字のべた書き、何べんも何べんも書かせる、たくさん書かせる、それをやらせなかった教師は、まずいなかったし、いないのではないでしょうか。たぶん、それをやらせなかったのは、私くらいではないかと思うほどです。

なぜさせなかったか。たくさんの教師が、その方法で、長い間やってきました。都会でも地方でも、どこでも、全国的にやってきたのです。それがあまりよい結果になっていないのですから、その方法をそのままやるということ、それを踏襲するということを、私は潔《いさぎよ》しとしませんでした。教師の良心が許しませんでした。ですから、私の工夫もだめかもしれませんが、少なくとも、すでに失敗している方法を、そのまま、そのとおりということはできません。

そこで、「どういう時のことを忘れないか」と考えてみました。

私たちは、とても忘れんぼうですけれど、忘れないことといったら、また、とっても忘れないものです。心に刻まれると忘れません。それはどういう時かと考えてみますと、ある感動をともなっているときです。何となく聞いているのではなく、ある感動、感動とまではいかなくても、心が揺れ動いている、眠っていない、そういう時に、ぐうっと入ってきたことは、忘れないようです。

ですから、漢字一字を子どもの頭に入れるときに、ある場面があって、感動とまでいかなくても、おもしろいと思う、珍しいと思う、感心する、とにかく、心が動く、いきいきと動いている、そういう状態のところへ漢字が入っていったらいいのではないかと思いました。それで、一字ごとに、場面を考えたのです。小さな文章を作りました。

「精」という字で、例を出してみます。

まず、この「精」の使われている語を、たくさん思い出してみます。もちろん、辞書を見れば、一挙に得られますが、私の経験では、最初は、いろいろな生活場面を考えながら、ことばを思い出すようにして、そのあと、落ちがないかどうか調べる意味で、辞書を見た方がよいように思います。その方が、それらのことばを使った文章を作るとき、場面がたやすく浮かぶように思います。それに、「精」を使った語を、全部とるわけではないので、その取捨の判断がしやすいと思います。自分で思い出したことばは、思い出すとき、生活を負っているからでしょう。

「精」の場合は、こんな文章を作りました。インタビューの記録の形です。

銘菓はこうして生まれた

アナ　このたびは、おめでとうございます。ところで、受賞なさったお菓子は、なんというお菓子ですか。

Ｋ　「森の精」と申します。

アナ　「森の精」と申しますと、あの「花の精」とか「水の精」とか、よくお話に出てくる、あの精ですか。

Ｋ　はあ、そうです。ふわふわと、やわらかな中に、くるみなど、山の木の実を煎《い》って入れてあるのです。

アナ　一等をとるようなお菓子を作るコツは、何でしょうか。

Ｋ　それはもう材料の精選が第一です。この「森の精」も、まず、よい米を選ばなくてはなりません。米について研究して、米屋さん以上と言われるくらい精通していないといけません。それに、その米を精白するその度合いが難かしいのです。それで、特別の精米機を使って、精密に測りながらやっています。

アナ　そうですか。銘菓はまず材料からというお話、感心いたしました。そういういい材料を練りあわせるのでしょうか。

Ｋ　はあ、まず米をごく細かいのと、少し粗いのと、精粗二種にひいて、水でこねるのですが、ここで少しでも不精をして、こね方が足りませんと、いいものが出来ません。ずいぶん、精力のいる作業です。それから、これはコツなんですが、塩はあら塩を使います。精製塩は使いません。

アナ　この「森の精」を作られたのは、先代と伺いましたが。

K　いえ、先々代の祖父なんですが、一生、菓子作りに精魂を傾けた人です。今も、店に掲げてあります「精進」という額を書いたのも祖父なんですが、ほんとにこのことばのとおり、この道一筋に打ち込んだ人でした。

アナ　いろいろお話を伺って、「森の精」が断然精彩を放っているわけが分かりました。

このような文章を作っておきますが、これを使うのは指導の終わりです。

授業を始めます。まず、黒板をきれいに拭きます。そして、黒板拭きを左右に置いて、両手を使って消せる用意をしておきます。チョークはつるつるしない、やわらかめで、しっとりして、くっきり書ける天神印、芦田恵之助先生がお使いになっていたものですが、それを必ず太い方を黒板に当てて使えとおっしゃっていました。細い方よりも黒板によくのるということでした。このごろは、天神印の箱にその注意が書いてあります。その太い方を持って、ゆっくり、ていねいに、少し大きめに書きます。この時、「よく見てなさい」などと言わないことです。少し話し声がしていても、何も言わないことです。黙って、静かに、ゆっくり、ていねいに、書き浸っていると、子どもたちの目が背中に集まってくるのが分かります。けっして、たとい形が崩れても、消したり書き直したりしないこと。後ろを見たり、子どもの方を見たりしないこと。ほんとうに集中して書くこと。子どもたちは、少しずつ現われてくる文字を、じっと見つめる。こういうときに、一ばん頭に刻み込まれるようです。

書き終わりましたら、その瞬間に、両方の手を使って、パッと消してしまいます。すると、子どもたちは、「あっ」とびっくりします。「あれっ」と声を上げたりします。そして、今消えた字を、つい自然に追いかけます。集中して見つめ、集中して追いかける、頃合いを見て、ゆっくり、ていねいに、しかし、前よりは軽い調子で、もう一度書きます。それから、なんとなく、互いにほっとした気持ちになります。そこで、用意しておいた文章、「精」のことばのところを仮名書きにしたものを使って、みんなで書いてみます。漢字だけを書くのではなく、全文を書くのです。べた書きではなく、しかし、何度も書くことになります。

テストと評価

漢字のテストの時、そのとき展開している単元の資料のなかに出ている漢字を、なんとなく書かせるようですが、そういう出題は、評価といえないのではないでしょうか。

担当している子どもの誤りには、どんな種類があるか、それを分析して持っていることが、まず、出題のために大切です。そのひとつひとつの種類について、どういう誤りのくせがあるか、試せるように出題するのです。すると、だれがどのくせを持っているか、またクラスの傾向としてどういう誤りのしかたをするか、というようなことが分かってきます。たとえば、昭和五十三年度の私のクラスですと、中学一年生ですが、いろいろなタイプの子どもがいました。実になんでもないこと、ちょっとしたことをまちがう子、入学試験などにいくと、まずいことになるのですが、ふだんの生活では、その点がひとつないからといって通じなくなるようなことはない、そういう間違いをする子、それから、へんとつくりを左右反対に書く子、よく似た別の字を書いてしまう子、似た意味の字を、それとしては正しく書く子、とんでもない、音の同じ字を書く子など、いろいろの種類の間違いぐせの子がいました。それで、だれが、どのくせなのか、合併症もあることですから、それにだんだん治ってくるのを見つけるためもあり、そういうことが試せるように、テストする字を選んでいました。そうすれば、子どもとしても学習の要所が分かりますし、指導者としても確かな指導の指針を得られるのです。確実に誤りのもとを切っていくことができてくるのです。

こうなってこそ評価なので、ただ、なんという字が書けるか書けないか調べるだけでは、評価にはならないのです。

文章を読んで要旨をとらえる能力をみる、というテストがよくあります。選択肢が四つ、アイウエとあって、アが正答の場合、あとのイウエは、一様に誤答にされ、イウエをとるのは、それぞれ、その文章を読むのに、どういう読む力が足りなかったのか、それが分かりません。ただ読解力が足りないというだけで、読解力のうちのどういう読解力かが分かりません。ウをとった子は、どういう読解力がないのでしょう。どういう読解力がないので、この子はエをとることになったのでしょう。それがはっきり言えないのでは、これからの指導の指針も学習の指針も得られず、評価とは言えないことになりましょう。入学試験などは、「試験」であって、目的が違います。その結果を教室で生かして使うものではありませんから。

なにかの根拠を持って問題を考え、評価ということばにふさわしい評価にしなければ、指導に役立てられません。

ひとりひとりをとらえる

漢字の間違いなどは、学習の、教育の、ごく一部分にすぎませんが、そのテストの結果、どういう漢字間違いが、だれに、どのようにあるのか、きちっと、とらえられていますと、小さな、ふとした折りに、その子どもに、たいへん適切な指導のできることがあります。ひとりひとりをとらえるということ、指導するということは、ほんとうに、地味な、ささやかな流れのようなものです。

子どもが見えるということが、まずおおもとであると思います。子どもが見えていないと、子ども中心といっても、実際にどうすることか、分からないことになります。ここに教科書があるから、ここにこの文章があるから読むというのでなく、子どもの求めるものから、子どもから出発するということも、子どもが見え、子どもがひとりひとりとらえられて、初めてできることなのです。ひとりひとりに目をむけていない教育というのは、教育のなかに入りません。教育というのは、ひとりひとりを育てることであって、グループを作ることも、クラスを編成することも、束にして指導することが目的なのではなく、グループのなか、クラスのなかで育つ、ひとりひとりがあるからです。グループのなか、クラスのなかでなければ育たないものがあるから、そうするのです。ひとりひとりを育てるということは、個人教授とは違います。たいへん違うのです。グループにしてこそ伸びる、ひとりひとりの力を養うことなのです。

ひとりひとりをとらえるということは、たいへんなことです。よく、アンケートを工夫する方がありますが、私はほとんど使ったことがありません。アンケートはつまらない、と思っているわけではありません。アンケートは別のことに役立つでしょうが、おおまかな、大体の向きを見るくらいで、教室の仕事や、子どもを育てる仕事には、その程度ではあまり役に立ちません。第一、調べなくても分かっていることが多いのです。授業に、指導に役立てられる、教師の知り方、とらえ方にはあまり役立ちません。言いたいことは、子どもを知るために何かしようというとき、安易に、アンケートが使われるようなので、もっともっと、いろいろな、つっこんだ工夫が欲しいということです。

子どもと一対一で話し合う。個人面接、このごろ、その機会をふやそうと言われています。個人面接の時間を設けて、担任と子どもとふたりだけで心ゆくまで話してみては、という人があります。もちろん、よいでしょう。けれども実際は、話す力が十分でなかったりして、なかなか、心から話し合うということは、むずかしいものです。子どもの本心、ほんとうの気持ちというものは、子ども自身にも、はっきりしていないことが多いので、一対一ならばいいだろうと思うほど、容易にとらえられるものではないと思います。むしろ、その目的で特設した場では、実際の指導に役立つように、子どもの本心をひき出すのは、むずかしいと思います。

教師が聞き出すのではなくて、子どもから問わず語りに出てきたことばのなかにしか、子どもの真実・本心は読めないと思います。

教師から問いかけたり、話しかけたりしたのではなくて、自然に、子どもから話し出す。教師への返事ではなくて、自分から話しだす。そういうことばのなかにこそ、ほんとうの、その子がいます。なにも、「わたしの気持ちは」などと、話すわけではありませんが、なんの話でも、自分から話しだす、そのなかに、その「ひと」が見えます。

子どもの口を、自然にひらかせる秘訣、それには、まず教師の方がたくさん話をすることです。ふだんの生活のなかで拾った、いろいろの話でよいのです。とにかく、教師の短い質問で、子どもに、長い、くわしい話をさせようとしても、それは無理です。話は、個人面接などの形式ではなく、日常の場でつねにいろいろな機会をとらえてするものなのです。昼休みでも、放課後でも、授業の前後のちょっとした時間でも、そして、教室の隅、窓のあたり、教卓のまわり、どこでも、子どもはひとりでもふたりでも数人でも、いろいろでした。

いい具合に、子どもが話し出しましたら、私はすぐ熱心な聞き手になります。体じゅうで聞きます。そんなとき、ほんとうに、その子の胸の中というか、おなかの中というかに、ひととき、入っているような気がします。その子のこと、何がと言えない、全部がそのまま感じとれるような気がします。

とにかく、一口で言えば、教師の短い問いかけで、子どもからたくさん聞こうとしないで、まず、教師がよく話しかける、それに誘われたように、子どもが話し出すのです。

子どもをとらえていなければ、ひとりひとりを伸ばすという指導はできないことになります。この子にこの教材を、と考えるといっても、それでは考えようがないからです。子どもをしっかりと、専門職らしくとらえていなくては、専門職らしく教えることはできないと思います。

学力をつける教師

四月の新聞には、毎年のように、新卒の、若い教師の話として、「わたしは新卒で、まだなんにも分かりませんが、子どもが大好きです。それから愛情があります。熱意があります。この気持ちで、憧れの先生の仕事を、やっていきたいと思います」というようなことばが載ります。まだ、新学期で、事もおこらず、「先生」「先生」と呼ばれて、楽しく夢中で、一日が過ぎているころの話だと思います。ですから、これはこれでいいのですけれど、もう一人前の教師になったのですから、考えておいてほしいと思うことがあります。

いま、話された三つは、人間がみな持っているもので、教師特有のもの、それがあれば教師がやれる、というようなものではないということです。おとなとして、子どもをかわいいと思うのは、ごく当たり前のこと。それから、どんな仕事をするにしても、熱意は必要です。ですから、愛情とか熱意とかは、ごく当たり前のこと。いい人であるということも、当たり前のこと。別に教師という専門職の資格とは言えないことでしょう。教師は、やはり、学力をつける人、学力を養う技術を持った人です。いい人だけでは、職業として成り立ちません。学校は、学力を養う専門の場所であり、教師はそこを職場とする専門職であることを忘れないで、責任をしっかり負っていたいと思います。よい人間を育てることは、家・学校・社会全体の仕事ですが、学力を養うことは、学校がその場です。その覚悟と責任感を持っていたいと思います。

もっと教えよう

「指導する」ということについて、教師から子どもにいろいろ働きかけることについて、遠慮する気風が、戦後たいへん強くなってきました。教師がひとりで話を聞かせる形式も、詰め込み教育のように思われ、遠慮されています。子どもから出てくることばかりに気をとられて、教えるべきことも教えず、指導が疎かになってきているように思います。つまり「教える」ことを遠慮する雰囲気があります。単元学習を勉強している方のなかにも、それが目につきます。

私は、ほんとうに、教えなくてはだめだと思います。学校は教えるところ、教わり、学ぶところです。学力を養う専門の場所なのです。学校が教えるべきことを教えないことには、子どもは、どこで学力をつけたらいいのでしょうか。教えるということが、即「詰め込み」という誤解から、離れないと困ります。

こんな場面がありました。学会の、ある地方の例会でのことでした。その地方の中心になっていらっしゃる、ベテランの女性教師の授業がありました。それは作文のいわば事後指導の時間でした。

まず、自由な題材で作文を書く、それを友だちが読んで、それについて、何かもっとこうしたらいいのではないかということを、作者の友だちに手紙の形式にして書く。それによって作者の子どもは、自分の文章の手入れをする、という筋の学習でした。きれいな用紙も作ってありました。

友だちからの手紙を受け取った男の子が、しばらく読んでいましたが、納得したとみえて数行書きました。それは、何かが書き足りないと言われたのを、書き加えることになったようです。そこへ教師が回ってきました。男の子はパッと頭をあげて、「先生、書けました。これ、どこへ入れたらいいでしょう」と聞きました。すると、そのベテランの、いかにも温かな雰囲気をもった教師は、もちろん「それは、ここに入れたらいいでしょう」などという、言い方はしませんでした。そこが、子どもたちに考えさせなければいけないところで、この学習の主な目当てでしょう。教師はその子のそばにいって、「それはね、このいい頭で考えるのよ」と言いながら、男の子の頭をクリクリと撫でて、チョンと軽く、指先でたたきました。その仕草がユーモラスで、あどけない感じで、子どもは亀の子のように、つつっと首を縮めてニッコリしました。いかにもうれしそうに、教師の顔を見ました。どこへ入れるかの答えはなくても、十分納得し満足した顔でした。

でも、私は不満でした。つまり、そこまででは、何も教えていないことになると思いました。

こういうふうに言ったら、どうでしょうか。「そうね」と言って、子どもの書いたものを、まず読み、「これはね、一段目のあとあたりでいいかもしれない、いやいや四段めのところがいいかもしれない」また少し読み直して、「いっそのこと、おしまいの段落でもいいかもしれない。それは、このいい頭で考えるのよ」チョン。

こうすれば、考えさせるということは、もちろんできます。教えこんだりしていいません。そして、考えるためのヒントが出ています。選択肢が三つ出ています。ここか、ここか、ここか。そうすると、自分の文章を自然に読み返し、友だちからの手紙も読み返し、そして焦点をしぼって、ぐうっと考えることができるでしょう。どこがいいかなあなどと、そんな漠然とした頭の使い方は、頭をよくしません。ここに入れるか、ここにはどうかと、ぐっとしぼって考えることに、集中できるのではないでしょうか。

子どもに考えさせることを大切にしている、よく考えさせている、と言われる教室の実際が、まだまだ甘いことを寂しく思いました。そして、新しい授業、子どもに考えさせるとか、自主性を育てるとかいう授業が、この程度のところに止まってしまっていることが多いのを残念に思います。ことばの力をつけることは、もう少し骨の折れることなのです。

もうひとつ、やはり作文の事後指導の時間でした。四人グループで（そもそも、その四人に組む根拠がなかったようですけれど）作文を交換して読み、よいところ、よくないところを書き合うという授業です。

私のすぐ目の前のグループにいるひとりの男の子を見ていますと、何も書かないのです。読むには読んだのですが、ぜんぜん書こうとしない。すると、隣の友だち、進行係を務めていた女の子が、「早く書いて。だめよ、早くしなきゃ」とか言って、叱っています。男の子は、そう言われても、にこにこ笑っていて、相変らず何も書こうとしません。私は、その子にそうっと小さい声で、「いいとこも、わるいとこも、ないの？」と聞きましたら、「う、うん」と深くうなずいて、にっこりしました。

そうなんです。その子にとっては、いいところも、わるいところもないのです。いいといえば、いいとも思うけれど、そう心から感動するほど、わざわざ書くほどのこともない。わるいと言っても、それほどだめとも思えない。つまり、その正直な子どもにはどちらもないのです。

気の利いた子ですと、教師の注文に合わせて、それほどよいと思うところでなくても、まあ、このへんかなと思うところを、よいところにしたり、それほど、わるいとも思わなくても、適当なところを、わるいところにして、あっさり作業を終えてしまうのですが、この子にはそれができないのです。

こういう場合、教師は全部の（ぜひ全部でないとこまるのですが）作文について、それぞれよいところとして、わるいところとして、気がつくはずだというところを、あらかじめ見つけておかなければなりません。見つけておいて、気がつくべきところに気がつくように、ヒントを出すなりなんなりして、指導しなければ、授業にならないと思います。

みんなのものが読んであって、グループの編成も考えてあって、だれのを、だれが読むことになるか。だから、このことに気づかせたい、もし必要になったら、このヒントを、というふうな用意がいるのです。いま、お話ししたこの場合には、教師にそういう用意がなかったようでした。それで、教師が子どものあいだを回っておられても、空しい感じでした。だいたい、「相互批評」ということが、そんなにいいことであるかどうかも考えてみなければならないことです。

さっきの子どもは、私に、「いいとこも、わるいとこもないの?」と聞かれて、「うん」と言いましたけれど、自分から先生に、「いいとこも、わるいとこもない」とは、なかなか言わないものです。そして、「いいとこも、わるいとこもない」のは、自分がわるいような、子どもの言い方ですと、できない子になったような気持ちになります。そして、たいていは、それほどに思わなくとも、なんとか書いてしまうのです。

また夏休みには、たいてい、宿題のひとつに、自由に、なんでも好きなこと、やりたいことをやってくるように、というのがあります。自由に、のびのびと、楽しく勉強させたい、好きなことに意欲的に取り組ませたい、というねらいです。もちろん、いいことなのですが、自由に、なんでも好きなこと、やりたいことを、というのは、教師は何もしなくていいということではないと思います。

自由に、と言われて、子どもは案外、当惑するものです。子どもは、ほんとうは、自分が何が好きなのか、何がやりたいのか、何ができるのか十分に分かってはいないのです。ですから、自由に、なんでも、好きなことをとなっても、何をやっていいか、分からないことが多いのです。ぜひ、教師の手びきが要るのです。

教師がまず材料をたくさん考えてあって、それも、ただ漠然とした思いつきではなく、この子にこれ、あの子にあれ、と考えてあって、ヒントを出したりして、それぞれの子がやることを見つけるのを、助けなければならないと思います。みんなが、やることを考える時間を設けて、その時間に、ヒントを出したりして指導するのです。

これをやったらどうかと手びきすることを、たくさん持っていて、初めて、そういうことができると思います。そして、それが教えるということです。子どもに自由に考えさせると言って、何もしないのは、自由のはき違い、教えるということを忘れていることだと思います。しかも子ども自身は、それを自分で探し、自分で自由に選んだ気持ちで、勉強に入っていかなければなりません。もし、先生から与えられた、あるいは、させられたという気持ちにさせたとしたら、それはヒントを出したりしたときの、教師側の不手際でしょう。

「自由に」というとき、子どもに任せきりでなく、どこまで、どのように手びきするのか、深く考えておきたいと思います。教師はいつの場合でも教えることが仕事なのですから。

研究する教師

みなさんもいろいろな研究をなさったり、研究会や発表会をされていると思います。研究は、教師がどうしてもつづけていかなければならないことの、ひとつだと思います。しかし、それは学者の研究とは、ちょっと違います。

なぜ、研究しない教師は教師として困るのでしょうか。研究には、楽しみもありますが、苦しみの方がずっと多いと思います。高いものを目指したり、得たいものを目指したりして、苦しみながら、少しの楽しみを味わいながら、自分を伸ばしていこうとします。自分を伸ばす苦しみと楽しみのなかで生きています。そして、それは、学ぶ子どもたちの姿なのです。ですから、研究をつづけ、学びつづけることは、子どもと同じ床に立ち、同じ世界にいることなのです。研究していなければ、そこが崩れてしまいます。子どもと違う世界の人、子どもと同じ床の上にいない人になってしまいます。程度の高い研究でなくていいのです。学者と違うと言いましたが、ここが違うのです。たとえ、学者から見て程度の低い研究であっても、研究をしている、そのことが、本職である子どもの指導のために役立つのです。共に学ぶことのできる立場にいることが、役立つのです。

私が同じ資料を使って、同じ単元の学習をしなかったということについて、いろいろ言ってくださる方がありました。いい単元であったら、何度でもやった方がいいのではないか。すぐれた俳優は、何百回やっても新しい気持ちで役を演じる、それがその俳優の偉いところだ。だから、よくいった授業は何回でもやったら、とよく言われました。そもそも大俳優などと比べられては困ります。俳優は芸術家であって、私は教育者ですから、比べられない違った世界なのです。

なぜ、同じ教材を二度使わなかったり、同じ単元をしなかったか、これは全く私個人のことで、それがよいなどということではありません。同じ単元を二度三度と、そのたびに新しい気持ちでやれるのは、もちろん、すばらしいことです。ことに、小学校では学年別漢字の問題もあり、こんなことは考えられないと思います。

ですから、ほんとうに私個人のことですが、教室に向かう、授業に向かう気持ちということで、聞いていただきたいのです。中学生のころは、子どもがたいへんむずかしい時期だといいますが、とにかく、なんでも、できないとか、下手とか、おくれるとか、そういうことが、我慢ならないのです。それで、少しでも威張られたり、下に見られたりしますと、驚くほど傷つくのです。そして、どうしても何とかせずにいられなくて、それがよく生意気という形になってしまうのです。それから、中学生の大嫌いなことは、マンネリです。「新鮮さ」が好きなのです。

そういう子どもに向かうのに、教師は、どんな気持ちがふさわしいでしょうか。教室に入る、授業に入るのに、どんな気持ちがいいのでしょうか。もちろん、明るい、いきいきした気持ちと、みなさん、言われると思います。私もそうですが、私はもう少し考えてみたいのです。

教師のどんな心理状態が、子どもを一番安心した、落ち着いた、焦《あせ》りなどない、学習に打ち込める状態、ひたすら学ぶ心の状態に導けるのでしょうか。私は、新鮮さと謙虚さだと思います。私が同じ材料で、同じ単元の学習をしなかったのは、この気持ちを自分が持ちたかったからです。同じ単元ではそれがとても持ちにくかったからです。

新しい教材で、新しく考えた学習計画で、新しい単元の学習に入るときは、とくに心がけなくても、自然に、教師の理想に近い気持ちになれるのです。初めてですと、新鮮で、なんか、いそいそとしたうれしさがあります。それに私はいつも冒険的でしたから、やはり、どうしても少し不安です。少し心配で、どこか、おどおどしたようなところがあります。急に自信がなくなって、「どうぞこの単元がよい単元になりますように」と、心の底で祈ったりします。子どもに対しても、「よくやってね」と頼むような気持ちです。このような、子どもに向かうのによいと思う心に、自然になれたのです。それに、なにより、新しい教材を用意して学習を始めるときの、不安ながらもわくわくした気持ちは、こたえられないものがあって、二番煎じのものを使う気にはなれなかったのです。

しかし、これは、私が私の気持ちを作るうえでの工夫であって、誰もがこうすべきだ、などと考えているのではありません。人それぞれに、教室に向かう、子どもに向かう自分の姿の調《ととの》え方があるのだと思います。同じ教材を二回使わないということは、いいことでも、わるいことでもありませんが、教師の新鮮な、謙虚な気持ちのなかにこそ、子どもたちが溶けこんでくることを考えていただきたいと思います。

身をもって教える

新しい内容、古い教え方

この頃、単元学習の研究をする方がだいぶ増えて、そうしてかなりあちこちで発表があるようになりました。そのわりには、教室の実際は単元的でもなく、それから単元学習のよさにも、気づかれていないようです。

案を見ると、なかなかいい案なのです。大丈夫だと思います。これでやれると思うのですが、教室の実際ではそうではない。どうしてそうなるのだろうということが、私にはとても気になることでした。単元学習でこそ、近ごろ言われているような、ことばへの関心も高まり、それからほんとうにことばを使いこなせる人、話せたり、聞けたり、すばらしい読書人で、筆不精でなくて、言語生活の優れた人、そういう人が育つはずなのに、どうして育たないのだろう、という気がいたします。それで気をつけておりますうちに、今日お話ししたいことを思いついたのです。

つまり、単元の案というのは、勉強しますと、あるところまで作れるようになると思います。こんなふうにして、こんなふうに考えて、こんなふうに能力を分析して、どれをねらうとか、それから資料の集め方とか、勉強する人に作れないことはないと思います。それで、それをやってみる教師が増えたのだと思います。

ところが、そのよい案・ゆき届いた案を、いよいよ子どものところに持って出て、学習を始めると、教師のすることも、言うことも、別に以前と変わっていない。単元学習の新しい案にふさわしい、新しい方法ではない、という状態になってしまう。前からあるような、「今日はどういう予定でしたか」とか、そういうことを子どもに聞いてみたり、子どもに目標を説明してみたり、それから、「読んでみましょう」「書きなさい」「話し合ってごらん」「分かったか」といった種類の、使い古された、なんの感動も子どもに呼ばないことばが、教師の口からどんどん出てきます。ですから、新鮮な案があっても、やる人のやり方というのが、ぜんぜん昔と違っていない、新鮮な魅力になっていないのです。

案は力を奮って作ったけれど、それを実際に移すときになると、前からの自分のやり方、それでやるわけです。単元学習を進めるには、単元学習をやる技術が必要です。それを工夫しないで、旧態依然とした方法で、新しい案をやる、それでうまくいかないのではないかと思います。

単元学習というのは、もっと「身をもって指導する」ことなのです。「身をもって」ということは、もっとほんとうにからだを動かして、口だけでなく、手も足も使って、ということです。

身をもってタネを探す

たとえば、意見文を書くという場合、自分たちの生活から、何か考えのあること、人に訴えたいことを見つけて書きなさい、などとよく言われます。そういう言い方で指導をするだけでなく、ちゃんと子どもたちがタネを持てるように指導すべきです。子どもたちは何を書いていいかが分かるときは、もうたいてい意見のできているときなのです。

生活から、これというものを拾って、これを書くという子どもは、もう、それ自身ことばを持っているのですから、上手とか下手とかいうことにこだわらなければ、書けないことはないでしょう。

一番困るのは、「書き方が分からない」のではなくて、「書くことがない」ということです。

こういうとき、教師が身をもって指導するということは、どういうことでしょうか。子どもと一緒に暮らしている教師は、取材に最適の人間ですから、子どもが今考えたらいいこと、考えるべきこと、考えて書けば甲斐あること、そういうことを見つけて、もちろん、「これを書きなさい」などというのは昔のことばで、単元学習のことばではありません。そんなおしつけがましいことばで言う教師はいません。見つけたものを見せるだけです。それが手びきです。その中から子どもが拾ってもよし、それがヒントになって何か他のことを書いてもいいのです。けれども、書くタネを十分与えるということ、それを見ただけで書く意欲に燃えるようなものを出す。また、書いても、つまらないということのない、値打ちのあるものを提出するということが、教師の仕事だと思います。それが、身をもって教えるということの、一例です。

教師が子どもと一緒に生きている人間として、何を拾ってみせられるかということが、教師の力です。教師が子どもの数を超える、たくさんの題材を拾ってみせるのです。もちろん教師自身、感激を持っている題材です。このくらいのことでいいかな、などというようなことでは、書く意欲を誘えません。これはこういうことで、資料としてはこう、こういう点を考えたとき、私はこういうことに新しい発見をした。そうでなければ、子どもの前へ教材として持ち出す題材というわけにはいきません。

ですから、思いつきをただ並べればいいというのではないので、この子どもの数を超えて、というのが大困難なのです。一緒に暮らしている教師が、「これこそ書いてみたい」と思わないような題材を、もっと心の小さい子どもが感激して書くなどということは考えられません。教師が感動していても、子どもが感動しないということはあるでしょう。しかし、教師が初めから、自分ではあんまり一所懸命書こうと思っていない、あるいは、教師自身がこれを書きたいと思っている題材でなかったら、どうして子どもに「これを書いてみたらどうか」などと言えるでしょうか。

大学生が論文を書くときなどは、どうでしょうか。研究テーマが見つからなくて、指導教官に相談する。指導教官は、自分もおやりになりたい、いいテーマだな、と思っていることを、学生の方に示されるかもしれません。こういうことを調べてみたらどうか、こんな面で、こんなふうに考えてみたらどうか、そう言いながら、その教授はご自分もたぶんやりたいでしょう、これはおもしろい、時間があればやりたい、と思っていらっしゃるテーマを指示する。そうだと思います。こんなことやってもくだらんなあ、と思うテーマを、学生に推薦なさるはずがありません。

子どもの場合も同じです。同じなのに、子どもになると、こんなこと書いたってつまらないというようなこと、つまり、新しい発見が教師自身にない、したがって指導力がない、そういうものを子どもに「書いたら」とは言えないでしょう。

　もちろん教師の場合、相手にする数が多いですからとてもたいへんです。たとえば、子どもが四十人いたとして、タネが四十では、「選びなさい」というのにはちょっと足りない。きっちりの数では足りないので、私はたいてい六十ぐらいにしようとして、六十に届かないで苦しんだことをよく覚えています。

　子どもはそのなかから拾ってもいいし、それからヒントを得て自分で考えてもいいのです。けれども、まったくなんでもいいからというのは、あまりに無責任だと思います。取材ということが、どんなに苦しいことか、タネがあれば、なんとかなると思っているのに、書くことがないので、いつまでも書けないままでいることのないように、と思っていました。

　子どもにまったく自由ということは、無理だと思います。子どもにことばとして指示するときは、「自由に」と言ってもいいのですが、教師はひそかに、いつでも助力できるものを持っていることが大切なのです。子どもたち全員に課題が出せる用意ができたという教師だけが、子どもにその自由を持たせることができるのではないでしょうか。困っていたり、思いつかない子にすぐ新しいものや替えを出して、「これをやってみたらどうか」「こんなのはどうか」と、出せるようでないと困ります。そうでなくて、子どもたちにただ「自由にしなさい」と言って、責任は全部子どもだ、なんていうのでは、子どもから見れば、どうして教師について教わっているのか分からない、ということにならないでしょうか。

書くことがなくて困って、「先生、何を書いたらいいでしょうか」と聞いてくる。そういう切なる希望に応えて、「これを書いたらどうか」と、自分なら書きたい題材をそこに出してあげられないと、私は、教えているということにならない、単なる監督という感じになるような気がします。

ですから、子どもは自由にしていながら、責任は必ず自分のところにあるというのが、教師という職業だろうと私は思います。先生からもらったとか、まして押しつけられたとか、そういう感覚が出てくるとしたら、それは教えた人の方の失敗です。ただ、「これを書いたらどうか」といったのでは、押しつけられたという気がするかもしれませんが、子どもが「ああ、それそれ」というふうに、受けとれるように渡すのが、教師の工夫、教師の指導です。天からのありがたい授かり物のように、まるで自分で発見したような感覚でうけとられるように指導したいものです。

ですから、単元学習とか、新しい学習法というと、子どもの個性のままに、自由にのびのびとやらせる、先生は手を出さないこと、というふうに誤解されていますけれども、ほんとうは昔のやり方より、もっともっと鋭く中身をつかんでいなければいけないのではないでしょうか。どうしても、これというものを持っていなければならないのではないでしょうか。それなしに「自由に」と言うことは、こわいことであり、無責任という気がいたします。

教師になんとなくこのごろ信頼がありませんが、そういう意味の無責任な場合が多くて、自由の名に隠れてというか、しっかりした指導の中身を持たないまま、何もしないことが、あたかも子どもの個性を伸ばすことのようになっていることがあるせいで、子どもは何も教わっていないような気がして、学校に行く甲斐がないような気がして、行かなくても同じではないかと思って、とうとう休んでしまう。そういうことがあるのではないかと、私は残念に思っています。

とにかく、意見文というときには、意見があるということが第一です。書き方を指導することは、そんなにむずかしくないと思います。

読書について書かれている方や若い方の研究などに、いろいろなことが書いてあるようですが、よく読むと、こういうことがあって、こういうことを、こういうふうに説明してある、というだけのものがよくあります。そういうのを私は「研究」というのではなくて、「紹介」というのではないかと思います。紹介がいらないのではなくて、そういう仕事も、ひとつの種類でしょう。新聞などから、いろいろなものを集めるのはいいけれど、それを悪いことばで言えば、寄せ集めたように、まとめたようにして、それが自分の意見であるかのように言う。そういう資料を集めて、まとめて、こういうふうに思う、もっとこういうふうにしなければいけないと言うときに、自分の発見というものがないのではないか、自分の新しい感動がないのではないか。

そうすると、それは意見文を書く基本から外れているのではないかと、私は思うのです。ほんとうに自分が考えて、信念を持って叫びたいこと、そういう意見を書くというのが基本の姿勢ですので、単なる紹介になってしまったとしたら、それが筋の通ったきれいな文章になっていたとしても、意見を書くことの本来の意義とか意味とかがなくなっているのではないかと思います。先生からもらったとか、開発してもらった、また自分が発見した題材が、今まで言われていること以上の発見もなく、それ以上の資料もない。そうだとしたら、やはり意見文を書く、いちばん大事な根元のものがなくなってしまうのではないかと思います。子どもと一緒に暮らしていると、そういうふうにならない、生きた題材が見つけられるはずです。「身をもって」ということの中には、そういうことも含まれているのです。

意見文を自分で書く

「身をもって」ということは、「自ら実際にやる」ということですが、意見文を書く場合ならば、教師が実際に意見文を書くことです。子どもたちが書いている途中で、しっかり意見を立て直してやるとか、いろいろなことが技術的にできないといけないと思います。そのためには教師が自分でどんどん書くのです。つらいけれども、それ以上の方法はないと思っていました。あまりにつらいので、そうたびたびはできませんでしたけれども。

ホワイトミリアという原紙に、四ミリ原稿という形式のものがありました。そして、その四分の一が四百字になっています。コピーのなかったころのことです。この一枚にA、B、C、Dの四人が意見文を書きますが、Aさん、Bさん、Dさんは生徒です。Cは私です。題目はひとつ。そのころ、二時間続きという時間を作ってありました。二時間続きという時間がないと、この授業はうまくできません。二時間でもちょっと足りないくらいです。それで、その題についてAさんが書いて、Bさんが書いて、そしてつぎに私のところへくることもあれば、先にDさんのところへ行くこともあるのですが、そういうふうにして、四人で書きます。私は、子ども向きに書くのではなくて、自分の精一杯のところで書きます。

そういう、なまの、というのでしょうか、その場で、実際に子どもと同じ原紙に書くのです。ですから、そのとき、私がつぎつぎと、早く書けないと始まりません。そこで、さっき言いましたヒントの題目の一覧表、それをつくるとき、そこに取り上げてある題目については、（ほんとうはずるいわけですが）私は意見が、すでにまとまっているのです。どの題目でも、さっと書きあげるだけの用意ができていました。子どもたちは考え考え書くのですが、私はすぐ書けます。ですから、つぎつぎに書いてまわりました。まったく体当たりの感じでした。

この方法での効果は、なにか不思議なほどのものがありました。そこに文章がひとつ、なまなましく書かれるということは、不思議な力になります。教えたかったようなことは、それでたいてい、子どもたちがひとりで悟ってしまいました。

あとの扱いはあっさりとします。子どもたちが、自然に読み浸りますから、それで十分と思います。意見文を書くことについて、みんな、めいめいが勉強できたら、もうそれをまとめて発表するとかいうふうに、多目的にはしませんでした。その方がいいようです。

この授業は中学三年生でした。題材を豊かに拾って、一覧表に子どもの書きたいと思う題目がたくさんあるようにできたら、そして、指導者自身がどれでも書ける用意ができましたら、あとは自然に流れます。

「身をもって」ということで、また、こんなこともしました。やはり私自身が書くのですが、これは中学一年生です。新聞の投書欄から、子どもに意見が持てると思うもの、持つのが当然である、持つべきであると思うもの、そういうものを、たくさん集めました。三百編近くありました。一年がかりでした。

この学習の名前は「何でも書きます」です。準備は、まず集めた投書を一編ずつクリアケースに入れ、それを角封筒に入れ、番号をつけました。

書く用紙は、プリントで作りました。一ページの下五分の一ほどを、メモ欄としてとります。投書を読みながら、思いついたことがあったら、何でも書きとめるスペースです。必要がなければ、何も書きません。その上部は、縦罫だけで横罫のない形式の原稿用紙です。

「何でも書きます」ですから、どれを、誰に、ということはありません。最初は適当に配りました。角封筒のなかの投書を読んで、それについて考えたこと、意見や感想などを書き、それを投書といっしょに角封筒に戻し、何番を書いたか控えて、置き場に返します。そして別の封筒を、何番でもいいですから持ってきては読んで、読んでは書き、つぎつぎと、どんどん書きます。

そのうちに、封筒の中にだれかの書いたのが、三枚四枚とたまってきます。仲間のものを読んでもよし、読まなくてもよし、とにかく「投書を読んで、意見を書く」を休みなく繰り返します。

教室が活気づいて、はずんで、封筒を持って走る子がいました。紅潮して頬を赤くしている子、汗を拭いている子もいました。そのとき、私も書いていました。「身をもって」書いていました。いっしょに、片っぱしから書きまくりました。

一時間が終わって、ふうっと息をついて、控えのメモを見合いながら、「もっと書けると思ったのに、案外書けないものだ」などと、話しあっていました。

つぎの時間、なるべく枚数の多く入っている封筒を選んで、一封筒ずつ割り当て、小さな発表会をしました。

その発表会の準備をしているとき、一封筒ずつ担当して、どんな考えがあったかなどを、まとめて発表するのですが、一編しっかりした文章があると、それを中心にしてまとめやすい、ということがありました。

そのときの一風景です。ひとりの子が、しばらく、その一枚を選んでいましたが、これ、というのが見つかったようです。「うまいな、これにしよう。これを中心にまとめよう」と思ったらしいのです。そして「これ、だれのかな」と思ったらしく、見ていましたが、ワッと笑いだしました。「大村はま、だってえ。はじめ、こんな人いたかしらって思った」と言って、大笑いになりました。

こういうふうです。その一枚を入れることが大事なのです。できるだけたくさん入れます。私は投書を選ぶときに、自分の意見のないものは最初から入れていません。ですから書くのは早いわけです。前から書いてもおきました。この授業を真似してくださって、うまくいかなかった方がありましたが、それは教師の一枚を入れなかったようです。「身をもって」の一枚が書かれていなかったわけです。それで、どれもみんなつまらないというのがあって、まとめに骨が折れすぎたわけです。そこに、教師が本気になって書いたのが入っていて、子どもがなんて人だろうと、名前を見てくれるような文章ぐらいは書いておかないと困ると思います。

真実のことばを育てる

こんなふうに指導するときには、自然にぐんぐん子どもたちの中へ入っていけます。傍観するとか監督するとかいう気持ちはなくとも、ただ子どもたちの書くのを見ている、そういう態度にならないよう気をつけたいものです。

以前だったら、「書いてごらんなさい。いいとこ、わるいとこは、先生が教えてあげる」と言って、添削する。それから、授業の形としては、ひとりの子どもの文章を取り上げて、その文章のいいところや直すべきところを探す。そういう授業が、よくありました。ひょっとすると、今もあるかと思います。それは一見よさそうですけれども、つまらない授業だと思います。子どもには、どういう文章がいいかよく分からないので、私の採集によりますと、子どもがそういうときに使うことばというのは、十種以下です。

たとえば、「よく分かるように書けています」とか、「段落がよく切れています」「何々の気持ちがよく書けています」「景色が目に見えるようです」「人のことばがよくとらえてあります」といった具合です。そんな十種類ぐらいのことばで、それだけのことばで褒めたりするのです。しかも、たびたびやらない方には分からないかもしれませんが、同じ子どもが、どの文章に対しても、同じような褒め方をします。私は、それがとても嫌なことだと思いました。つまり、本気で見つけているのでもなく、感動しているのでもない。他の子どもも誰かが何か言うと、「そこがいいと思います」と言います。そして、言われた子どもも、「大勢の人がいいと言ってくれてうれしかった」と感想を述べたりするのですが、本人もそんなに感動しているように見えません。そんなに感動しなくとも、どう言えばいいかを心得ているのでしょう。

どこがいいとか、わるいとか言わないと、先生にできない子どもだと思われると思っているようです。ですから、「どこがいい」と言う。そうすると「わたしもそう思います」という意見がいくつか出る。そういう、ほんとうに「うまいなあ」と感動して言うのではないことばは、言えば言うだけ真実のことばから遠くなるのではないかという気がします。

西尾実先生が、「つまらないことを聞くと、真実のことばが言えなくなる。それからあんまりむずかしいことや、あんまり考えられないようなことを聞くと、何か言わなければ悪いと思う子どもが優等生のなかにいて、その優等生が何か言わなくてはと思って、けなげに何か言う。けなげさはいいとして、そのとき、ほんとうの心を、心から伝えるという態度ではなくなってしまう。何か言わなければ悪いと思って言っているのであって、そういうのは真実のことばではない。そういうことばを平気で使うような教室にしてしまうと、もう教室は死んでしまう」と、おっしゃったことがありました。

真実のことばを語ることがなかなかできないから、「対話」や「一対一で話す」ということを出来るだけするように、と言われたこともあります。よく行なわれている、先生が問いかけて、生徒に答えさせるのは、一対一どころか、周りにクラスのみんなが聞いている場なので、あれは「対話」ではなく、「問答」であると西尾先生は言われました。

「対話」は一対一で二人きりで話すことで、他に一方的な聞き手がいないということなのです。そういうふうにしないと、腹の底から話すという習慣がなくなって、いつでもある程度思っているらしいことを、自分の心を見極めたり、つきつめたりせずに、口にする癖がついてしまう。そうすると、もう真実のことばが話せなくても平気で、自分は何か言っていればいいような気持ちになって、真実のことばを育てることができなくなる。だから「対話」で、ほんとうに本心の本心を言うというのは、どんな味わいのものなのか、それを経験させるように、とおっしゃったのです。

私は、そういう「対話」のある授業がなかなかできなくて、ほんとうに苦しみました。西尾先生にお教えいただいたことの中で、いちばんむずかしかったのはそれでした。そういう機会をなかなか作れなかったのです。中学ですから、五クラス二百人近くも担当していました。普通にやっていれば、一番おしまいの人にいくまでには、たいへんな時間がかかります。そうすると、誰々さんはもうやったのに、自分なんかいつまでたってもこない、というふうになって、たいへん困ります。そうかといって、いつまでも学校に残しておくわけにもいきません。そもそも、授業以外の時間を当てにするような教え方では、授業としては不適当です。それが、単元学習ですと、授業時間中に、そういう機会がたくさん得やすいのです。

読みひたる大切さ

単元学習で、いろいろな材料があるということは、さまざまな個性や能力を相手にするので、どうしてもやむをえないことでしょう。

ふつうの教科書についている手びきをやる程度の質問の仕方ややり方では、とうてい及ばないような、たくさんの問題が起こります。簡単に言えば、一冊の本を選んだときに、まずどういうふうにして選んだかということがあります。その選び方も、手間のかかるものもあれば、手間のかからないものもあるでしょう。それから、本を選ぶとき、いっしょに読み方も選ばないといけません。試験問題でも読むように、精読しなければならないものもあるでしょう。ほんとうにさらっと見ればいいものもあるでしょう。後ろに索引がある、索引を見たら自分の知りたいことがあって、それで見ることもあるでしょう。

読ませ方にしても、どういうことが書いてあるか、それも分からないような読ませ方だったら、そんなのは教育にならない、とおっしゃる方があります。たしかに全体として何が書いてあるかを、どうしても知らなければならない本を読んでいる場合は、そのとおりです。何が書いてあるか分からないで、意見など言われては困るでしょう。

けれども、そうでない目的で本を生かして使うときもあって、意見をはっきりとらえるためだけに、本を使っているのではありません。目的によって、この本にはその意見についてはどれくらい触れているのか、歴史的に書いてあるのか、それとも外国のことが出ているのかとか、そんなことで見て選ぶこともあります。ですから、そういうときは、外国についてのことも、どの程度に書いてあるかによって、精読するかどうか決めるのです。いろいろな読み方があってよいのです。学習の手びきに出ているようないくつかの問い、そういうものではとても間に合わないわけです。

単元学習のなかでは、「読み」ひとつにしても指示の仕方や見つけ方など、いろいろな場があります。「読み」というときに何をするかという、今までの教師のやり方があります。まずさらっと読んで、大要をつかんで、といったような旧来の方法で、古いと言ったら悪口になるといけませんが、ながく行なわれてきた、そしてもちろん、ある成果を上げてきたそういう方法もあるでしょう。しかし、単元学習は、その枠を超えていますので、おなじ本を読むにも、読ませ方と読み方とは、たいへんちがうのだと思います。いろいろの読み方をすることは、新しい方法でなければできないと思います。

それなのに、単元学習でも、読むときになると、急に段落の話などを出してくる教師がいます。段落が悪いということはありませんが、組中いっぺんに段落のことを勉強しないと困るなどということは、まずないという気がします。私は単元学習の中で、段落がどこで切れるかというのは、ほんとうに聞きたくない問いだと思っています。

これも秋ごろ、ある地方へ行ったときに、そういう情景がありました。みんなが一所懸命になってやっている途中で、教師がちょっとひとりの生徒に目がとまって、その子の段落の切り方がまずかったらしいのです。その教師は、「みんな、ちょっとやめて」と言って、段落の話を始めて、「誰々さんはどこそこで切ってますけど、あなたはどこで切りましたか」などと始めてしまって、それまで読みひたっていた子どもたちが、みんなつまらなさそうにしているのです。段落に着目して読まないと、この文章が読み切れない子どもというのは、教師の前にいたひとりかもしれません。もし、いたとしても、あと二、三人しかいないでしょう。あれだけ読みひたっているのだから、みんな分かっているのではないでしょうか。だのに、読解＝段落というあたまがあって、その指導をしなければ、という今までやってきた読解指導の技術に、こり固まってしまっているのです。たとい、その技術が大切なものであっても、少なくとも、いちどにみんなに指導が要るなどということは、まずないと思います。

「読み」などのときに、いちばん単元学習がだめだという悪口が出てきます。確実に読めないとか、指示代名詞「この」「その」「あの」「どの」が何を指しているかといった、いわゆる「こそあど」問題について、つっこんで聞くとあいまいだとか、いろいろな非難があるのですが、そういう確かさが必要なときもあるでしょう。しかし、その場合に応じた「読み」ができなければ、まずいと思います。ほんとうには精読の必要がなくて、いろいろな目的で、いろいろなものを読んでいるときに、あるひとりに、ちょっと「これはどういうことか」と聞いたら答えられなかったというだけで、その授業をだめだときめつけるなどというのは、間違いだと思います。

こういうことが分からないのも、私は教師の読書力の不足、読書生活の貧しさが原因ではないかと思っています。教師が本を使っていろいろ勉強していれば、そんなことは分かると思います。どの文章も、みんなおなじに読んでいられるはずがありません。ほんとうにパラパラッと繰ってみるような読み方をすることもあるでしょう。では、その本を見ないほうがよかったかというと、そんなことはありません。見たほうがいいのです。パラパラでもなんでも、見たほうがいいに決まっています。パラパラ見たから、その本は使わない、読まないと決めたわけでしょう。そのパラパラも見ないで、読まないと決めていいかどうか、分からないのではないでしょうか。ですから、ご自分が読書家ならば、単元学習のなかの読書一般の指導のことが、よく分かると思うのです。どういう場合にどういう読み方がよいかということが。

これもやはり自分が読んでいる、自分が読書人であるということが、つまり私の言う「身をもって教える」ということにつながるのです。読書人でない人の読書指導などというのは、とても信じられないということです。

話し合いへの参加

話し合いというのは、ほんとうにそれこそ身をもって実際に動き、話さないと指導しにくいことです。どういうふうにすればいいかを言えない子どもは、まず、いません。小学生でも司会者の役目は、ちゃんと言えます。すらすらと五か条くらい言えると思います。それでも実際にやるとなると、なかなかやれません。そのときに、どういうふうにするかという方法を聞いておいても、子どもとしてはどうしようもないものだと思います。「こういうときには、こういうふうに意見を言うのです」などと、ていねいに例をあげて、テープも聞かせて、いろいろしたとしても、ほんとうにやる力には、なかなかならないと思います。その場になってみると、やり方が分かっている子がほとんど全部であっても、実際にやれる子は、一割もいないという状態になるでしょう。

それはどうしてそうなるのか。理解が不十分だとか、教師の説明の仕方がへただとかいうことではないと思います。分かっている、ただ、実際の生きた場で、それこそからだを使って、実際に行動して教えないと身につかないからだと思います。

誰かが発言します。くどくど言っていて、よく分からないとします。「もう少し要点をつまんで、はっきりと言って」そういうことを言うと、そのとたんに、教室のなかはやや暗くなります。暗いというのは、みんなの口を重くしてしまうということです。話しことばの時間としては大失敗です。みんなの心を明るくいきいきさせないと、口を開くものではありません。

おとなでも暗い気持ちでいる人が、どうして話すでしょうか。とにかく心が暗いと口が重くなってきて、いま言えばいいなと思うときでも、ちょっとひかえて、そしてだまってしまうでしょう。

子どもはもっともっとそうなので、ちょっと天気が悪いということでも、相当な影響を受けるくらいです。小言めいたことをちょっとでも言うと、自分が言われなくても、たちまち教室のなかは溌剌としなくなってしまいます。

そういうときに、注意したのではだめですから、子どもの前に立って、その子のいま言おうとしていることを、教師が要点を押さえて、代わりに話します。そして、「こういうふうに言ってごらん」などと言わずに、つぎへ話をすすめていきます。教師がその時のその子になって話すのです。

司会者の場合など、注意がどんなにいきとどいていても、子どもはなかなかそのとおりにはやれません。「まとめなさい」「はい」まとめたつもりが、ちっともまとめになっていなかったりします。まして、「新しい問題を提起して方向を転換しなさい」などとむずかしいことを言っても、どうしようもありません。クラスのみんなも何かを体得することはむずかしいでしょう。そういうときには、教師がその子になって、実演するのがいちばんです。

教室は一種の劇場であるということがあります。教師がその子になって、その子の言おうとしていたことやなりゆきを見て、すばらしい司会者になるわけです。指導者なのですから、子どもたちの話し合いのすばらしい司会ぐらいできないと、ちょっと字をまちがえたなどということよりは、たいへんまずいことだと思います。すぐれた司会を実演してみせます。そして話がスムースに進行してきたら、「続けて」と言って、すっと元の司会者に譲ります。そして教師は子どもの席に座って、今度は発言者のほうに回ります。話し合いの時間は、教師は司会者になり、発言者になり、たいへんです。しかし話し合いは、こうして子どもの身になり代わって、実際に行動することが大切です。「こういうことを言うんです」ではなく、その「こういうこと」を実際に言ってみせる、これが何よりの方法だと思います。

人と話し合ったり、自分の心を伝える話し方ができるかできないかということは、以前よりも、ずっと重大なことになってきていると思います。単に、国語ができるとか、そういうこととは違う、重大なことになっていると思います。その重大なわりに指導されていない。話し合いをさせる教師はたくさんいるけれど、それをきちんと教えている教師は少ないと思います。

話し合うこころ

「話し合い」の大切さ

このごろずいぶん勉強する教師が多くなって、単元学習でなくても、いわゆる学習指導案で、ずいぶんいい案、これはと期待できる案に出会うことが多くなりました。また、どこかの会に出かけるときは、前もって案を見せていただくこともありますので、その指導案を見ますと、教室での授業が思い浮かべられます。楽しみになります。そういうことが多いのです。

ところが、実際の教室にいってみますと、どういうわけか、その案が死んでいるのです。それはよく見ていますと、案は新しいし、見方も新しい、新しければいいというわけではありませんが、着眼点が本物であるということです。しかし実際となると、びっくりするほど昔風になってしまうのです。

たとえば「読みましょう」とか、「何ページ」などと言って、いっせいに本をあけて読ませる。「読みましょう」などと言わずに、ぐっと読みにひたらせるところが、単元学習のいいところなのに、そういうふうにならない。それから、「読みが浅いからもう少し考えてみよう」「もう少し繰り返して読んで考えてみなさい」そういうしかられたような、少なくとも心が深まってくることがないような、楽しくならない、小言を含んだ指示、そういうことばが相変わらず出てきてしまう。自分から読む必要と読む要求に迫られて、思わず読んでいるということになるのが、そのもともとできていた指導案の姿なのに、実際の教室になると、そうなってこない。

書くこともみんなそうで、なぜか授業の実際というところになると、すぐれた指導案、すばらしい勉強を思わせる指導案が生きてこないのです。

その原因はいろいろあると考えていますが、そのひとつに、「話す」ことや「話し合う」ことへの取り組みの弱さがあるのではないかと思います。

「話す」の範囲は広いですから、「話し合い」ということについては、今までもお話ししたこともきっとあると思いますけれど、今回、改めて本気になって考えてきました。教師はひじょうに気軽に「話し合ってごらん」と言いますが、それでは困るのではないか、話し合うということが、ほんとうに、研究とか、学習とか、そういうことに使えるようになっていないのではないかと思うのです。

思いついたことを自由に話すのは、もう初めからできます。それもできないのは小さい子どもであって、小学校にいるあいだにそういうことはできるようになっていると思います。しかし、生産的な、ことに精神的な面で、しっかりと生活の一角にある、生きるための大切な技術という意味での「話し合う」ことは、なかなかできていない。私たちの職員会などでも、そうではないでしょうか。

ほんとうに、いま話し合わなければいけないことを、心から話し合う。みんなが真実のことばで話せるとか、他の人の真実を導き出すような発言ができるとか、そして、ひとりでは考えても行き着けなかったところへ、ふたりだったら、三人だったら、十五人だったら思いがけない、ひとつの思想が生産されてくる。世界が新しく開けてくる。そういう優れた話し合いというのが、なかなかできていないのではないでしょうか。教室ではますますそうなっているのではないかと思います。つまり、発見も感動もない話し合いになっているのではないかと思います。

私は話し合いということが、ただ誰かと話していればいい、意見交換などということではなくて、ひとりで考えていては開けてこない世界、話し合ってこそといった成果、それが生めるようになっていないと、それは民主的な国家の基盤を崩すようなものという気がします。

そういうことができないで、自分が言いたいことだけは言うけれど、人の持っているものを、ことばによって引き出せないというのでは困ります。たまたま口不調法の人がいるかもしれない。しかしそれは、その人が持っている思想までも不調法だということには、けっしてならないでしょう。そういう発言力の多少弱い人も、ちゃんと生かして、意見を引き出して、私たちの発展のために役立てていくというのが、ほんとうのいい話し手といえましょう。

人の言うことを引き出せない。その人と一緒に生きていることの幸せや運命を開くことなどができないとすると、これは話すということを、ほんとうに生きる力にはしていないことではないか。そう思うと、私は国語教室のなかで「話し合ってごらん」と、いとも簡単に言われるのが、ひじょうにこわいことのように思われます。

話すことの世界は、スピーチとか、いろいろありますけれども、今日は、徹底して「話し合う」ことのよさとか、その問題点とか、指導とか、そういうことについて、実践したことを思い出しながら、お話ししてみたいと思います。

ですから、目当ては、ただ活発な話し合いとかいうものではありません。話すということは、人が心を通じ合わせるために、どうしても必要なことなのです。ですから、そのことを考えて、もっと生きる力として考えなければ、と思っています。

話し合いというと、たいへん漠然と考えられていて、ひとりの話でないのは、たいてい話し合いと考えられています。西尾実先生の分類がありますが、ほとんど無視されていて、ひとりの話でないものは、みんな話し合いになっています。問答の場合でも話し合う、話し合ってごらんというふうになっているようです。対話と問答が区別されていることは、ほとんどありません。それから、討議と会議、それもあんまり区別されていません。さらに討議と討論、こうなるとますます区別されていません。そういうことになっていると思います。区別されていないということは、普通には、世間的には、話し合いといってもいいのです。いちいち対話か問答かなどと区別して、ものを言う必要などありません。

けれども、私たちが勉強したり指導したりするには、それがどれであるかということは、きっちり考えていないと困ると思います。問答は問答、対話は対話です。それを子どもに言う必要もありませんが、教師はちゃんとわきまえておくべきでしょう。これはこういう場合だから、今日は対話と考えようとか、この場面では、対話がいいかどうか、問答でやるべきか、討議のほうがいいか、そういうふうに考えて、そしてそのひとつを選んで性格をはっきりさせて、それをやるにはこういうことが必要なんだ、というふうにしていかないことには、適切な指導ができないことになると思います。

今日は、「話し合い」についてお話ししたいと申しましたけれど、その「話し合い」は、すでに述べましたように、いろいろなものを含んでいると思います。このあと、それをひとつひとつ考えていきたいと思います。問答などは、よい問いを出す研究会などもあるくらいですから、一般によく分かっているところでしょう。そういうところは簡単に話しながら、話し合い、討議のほうへいきたいと思っています。話し合いがいちばん指導されていないという気がするからです。

問答のむずかしさ

授業での問答のときには、教師がよく知っていること、答えをしっかり胸に持っていること、それを子どもに聞くということが、ほとんどだと思います。鑑賞などで危ない時はあるようですが。教師はよく「ほかに」「ほかに」と言いますが、その教師自身は、ほかに何を考えているのかしらと思うことがよくあります。

こういう場合は、教師自身に発言してもらったほうがよほどよい、と思うことがあります。「ほかに」「ほかに」と、よほど子どもに期待しているのかな、と思うときもあります。私はもっと教師がほんとうに聞きたいこと、聞かないと困ること、それを子どもに聞く機会をもたないと、ほんとうの問答の力がつかないし、問答の必要感もでてこないと思います。自分がよく知っていることを相手に聞くということは、普通の生活では無礼なことですから、しません。ですから、ほんとうに聞こうという、そこなのです。それは、教師が何も知らなくて、分からなくて聞いているということとは、まったく別なことです。

この字はなんと読むかとか、そういうことではないのです。そこで調べてきていることについて、教師がほんとうにその子に聞かないと困ることがあるはずです。しかし、そういう場面は単元学習でなければ出てきません。この文章をどう扱うか、そういう単純な教科書的世界にはないのです。教科書の場合、常に教師は答えを持っています。ですから、同じ聞くにしても、聞くために聞いています。単元学習では、材料がさまざま、方法もさまざまなので、教師がほんとうに聞かなければならないことが必ず出てくるのです。

たとえば、そこにどんな問題があるかということについて、聞かなければならないことがあります。ですから、教師も真剣勝負です。お芝居ではなくて、ほんとうに知らないと困るのです。そういうのが真剣というのではないでしょうか。勉強の進行上、子どももそれを教師に言わないと困る。ですから、一所懸命です。

私は、子どもが話したとき、私が一度で分からないような場合は、その子どもの話し方がだめということに決めておきました。私は誠意をもって、聞き方の教師として聞いているのであって、その私が聞き返さなければ分からないような言い方をしたのは、どうしてもあなたのほうがだめ。自分の話し方がどのくらいいいか悪いかというのは、そういうふうにして考えてみなさい、と言っていました。

これは、教師としてはこわいわけで、教師である私が聞き損なったらたいへんなのですが、もし聞き損なったときには、すぐ謝ります。私の聞き損ないだったこと、その人の言い方が悪かったのではなかったことをすぐ詫びないと、子どもは傷つきます。そういう真剣な場面、子どももぜひ教師に言わないとだめだし、教師もぜひ聞かないとその子の教育に差し支える。そういう問答が、もっともっとなければいけない。単元学習のよさは、そういうところから始まります。

必要に迫られた場面でなければ、ほんとうの問答というのはないと思います。生きた人間が生きた人間に聞いて、生きた人間が生きたことばを使って答える。そういうことでしょう、問答というのは。「何が書いてありますか」「よろしい」という、昔からよくあった、悪いという意味ではありませんが、そういう単純な問答の世界は、単元学習では出てきません。ほんとうのやりとりがあるようにと思って努力しているうちに、単元学習の一角ができてくるのですから。問答なんかについても、いつでも答え合わせをするような、それから試験でもするような、確かめるような、検査するような、そういう問答本来のものでない問答にならないように、本気のやりとりにしたいと思います。

近ごろ「上手な問い方」という研究発表で、この作品ではどんな質問を出したら発展するかというのがありました。それはそれで甲斐があるでしょうけれど、私はあんまり迫力ないだろうなと思いました。研究ですから、それでいいのですけれど、しかし根本的に生きた問答をしようと思えば、教材研究からだけでは出てこないと思っています。いちばん大切な問答の姿は、ちょっとちがうという気がします。

対話というのは一対一の話、西尾先生の分類によって考えているのですが、これはとてもたいへんなことです。聞き手のない一対一の世界。教師が何か質問して生徒に答えさせる形式のものは聞き手も大勢いますので、西尾先生の言われる一対一の世界ではありません。だれかひとりをさしていて、一対一に見えますが、そこにはみんながまわりで聞いています。そしてその問答によって次のことを考えたりするのではありません。ですから、一対一で話し合うのとは、たいへん違うと思います。

この、ほんとうの一対一の対話は、西尾先生にお世話になることができたころに、私をもっとも悩ませたことでした。私が、授業のある場面の話をしますと、先生は「それは問答だ」とおっしゃって、「どうも対話ができてないようだ、対話ができないような教室は真実のことばは育たないんだ」とおっしゃいます。

私は教室にコーナーを設けてみました。話のコーナーです。だれかに自然に聞こえるということがあるかもしれませんが、その人は聞こうとしていない、という状態です。何か言ってるな、という感じです。そのコーナーで、作文をもとに話し合いました。その子の作文ですから、ほかの子に関係ない話がありました。

このように単元学習には、さまざまな対話の機会が出てきます。単元学習でこそ、対話の場は得られると思います。しかし容易ではありません。

真実のことばが使えるように

そんなふうにして、まず真実のことばを話せるようにしなければなりません。どんなとき真実のことばが育たないかと言いますと、たとえば何か読んだあと、すぐに教師が感想を聞くとします。感想というのは、ことばにすることのむずかしいもので、たくさんあっても、なかなか言えないものです。考え深い子どもが、かえって言えなくなる場合もあります。

ところが学校には、よくひとつの学校型の優等生がいて、教師が何か聞いたら、とにかく返事をするのがいいんだと思い込んでいます。何はともあれ、なんでもいいから、とにかく早く答えたほうがいいんだ。いや、そうしなければいけない、というふうに考えているようです。そういう子がぱっと手を挙げて感想を言います。そうすると、教師はそれを聞いて、「ほかに」とか言って(私はこの「ほかに」ということばが大嫌いです。だれかが答えた答えのほかにと言って、さっき答えた人はちっともねぎらわれないことが多いのです)、「ほかに」「ほかに」とやっているうちに、とにかく答えることがいいんだ、考えることよりも答えることが大事だと心得る、そんなふうにならされていくわけです。

答えられたときだけ褒められて、黙っているとよくない。子どもは教師に喜んで欲しい。これはもう当然のことですから、何か言おうとします。私は、これはこわいことではないかと思います。ほんとうに自分の気持ちが表わせることばでなくとも、とにかく適当に言えるというのは、こわいことではないでしょうか。

それから教師が「ほかに」と言って、じっと自分のほうを見ていると、何か言わないと悪いような気がしてきて、子どもは、そういうところはほんとうにおとなとまた違った可憐なところがあるので、それでついちょっと思いついたことばを言います。ちょっと思いついたことばなのであって、心の中からほんとうに出てきた、言おうと思ったことばではなくとも、何か言えるとほっとするのです。

そういうふうに、言おうとほんとうに思ったことではないことが、いちおう人に言えるということは、とても寂しいことのような気がします。別に悪いことではないと思いますけれども、しかし、あまり親友を得たり、ほんとうに人と交わる喜びを感じたりすることが、少しむずかしくなるのではないかと思うのです。

読後の感想などというのは、言いにくいものです。感動すればするほど、よかったと思ったあとで、「感想は」とすぐ言われたりすると、ドギマギします。「よかったですね」などと、そんなことを言ってすましたりします。また一方、「よかった」などと言いながら、何か物足りなく感じています。まだもっと、いろいろ心のなかにあるけれど、それを言い表わすことばがちょっと浮かばない。そういうことは、それは単に表現力がないということと、また違ったことです。それを無理に言うようなところがあって、そういうふうにすると、ほんとうに心からものを言う習慣がなくなって、適当に、とにかく何か言う、という習慣が身についてきます。本気で考えて、本気のことを率直に言う、これは言語生活者としては基本的な、最も大切な態度ではないか、それが壊れてしまい、形式的になってくるような気がします。

ですから、ふだんの問答とか、対話のときに、子どもが何げなしに、あるいは、苦しまぎれにでも何か言わないと、できない子だと思われる、そういう気持ちにさせないようにしないといけないと思います。もっと楽に自分の心を探ったり、その探っている最中に、ふと先生の言ってくれたことばが、「そうそう、それだ」というふうになって、表現の喜びを知ったり、ことばを知ったりしてくるでしょう。

今、もうのど元まで出ている気持ちがちょっと言えなくて、というときに、私たち教師が、うまいうまくないではなく、指導者であり年上でもあるのですから、分かる子どもの気持ち、それを「こうかな」というふうに、ことばにしてみせる。押しつけではありません。教えこむのでもない。その子の個性が傷つかないような、具体的なことばで、言ってみる。パッとことばが出てくると、子どもは飛びつくように「そうだ」と思うでしょう。そういうときにことばの力がグッと伸びるのだと思います。そういうときに言ってあげたことばを、体験的にグッと覚えるようです。こうして、ことばが心から心へ伝わっていきます。

こういうことがなくて、よろしくものを言うような、そういう子どもが揃っているときに、話し合ってごらんというわけにはいかない。みんなが真実の声を出せる、そういう間柄になっていなければ、ほんとうの話し合いはできないと思います。

ですから、中学校に入ってくると、子どもたちがそういう力を持っているかいないか、それを見定めるのに、しばらくたいへんでした。一学期の間は話し合いなどはさせないことにしていました。ほんものの話し合いができないのだから、させないということになるのではないかと思います。

話し合いをするには、ひとりひとりが真実を話せるようになっているということが必要です。そういう人が集まっていれば、たいてい大丈夫ですけれど、子どもと子どもの間柄が、うまくいっていなければ、話し合いはできません。つまり、すぐ人をどちらが上、どちらが下と比べてみるくせが、子どもにはあります。どっちがいい、相互評価というのですけれど、相互評価は子ども同士がやるべきことではないという気がします。大体批評する資格がないのです、同輩であって。ですから、どこがいいか悪いか言えなどということ自体が無理なのです。そしてそういうことを鍛える必要もありません、指導者ではないのですから。

人の話の良し悪しに気をつけているといいとか、他人同士の相互評価を聞いていると、自分が伸びるという伝説のような話がありますが、ほんとうでしょうか。そういう証拠があるのでしょうか。朗読の勉強会などに行って、人が読むのをじいっと聞いていますと、たしかに「ああ、いい」と思うときと、「おやっ」と思うときがあります。でも、それはどういうところが上手か下手かなどということを考えて聞いているのではなくて、ふっと心に浮かんでくるだけであって、批評しようとか、先生の代わりでもするような気持ちで聞いているわけではありません。

比較せず聞く

スピーチの学習などで、友だちがつぎつぎに話すときに、どっちが上手、どこが間違ったかなどと子どもに聞く指導者がありますが、そういうことは、指導者が責任を持ってやっていくべき仕事で、子どものする仕事ではありません。そういうふうに聞いているのは、むしろよい聞き手ではないと思います。

朗読でも、ひどい場合には、間違ったところをあとで指摘してもらうなどということをします。私の子ども時代の大正時代には、そういうことが確かにありました。ですが、今でもそれがあって、ほかの子どもが読んでいるときに、どこを間違うかなどと、そんなことを考えながら聞いているなんて、じつに嫌な聞き手だなと、私は思います。いちばんいい聞き方は、聞きほれていることではないかと思います。間違えたな、つっかえたな、そんなことは指導者である教師がいるのですから、教師が、その場でいうなり、あとでまとめて指摘するなり、プリントにするなり、また、ふとしたつまずきなら不問にするなり、どういうふうにでも始末します。子どもは聞きほれているることがいちばんいいのです。

ですから、私は何か読むときには、つづいてふたりは指さないようにしました。並んで読みますと、知らない間にどっちのほうがうまかったかという神経が働いてきますから。それからスピーチでもふたりやらせますと、どっちのほうが声が大きかったとか言って、知らない間に比較する感覚が出てきます。子どもは、ことにそういう世界にずっと生きているものですから、私は悲しいほど子どものそういう姿を見てきました。

どっちがうまかったかなどということは、教師が考えることだから、あなた方は聞きほれるのがいちばんいいと言っても、ふたり出すと、習慣的に、いつのまにか優劣を考えてしまうらしいのです。ですから、ひとりにしました。そうすれば純粋に聞いていられます。人と比べることをしないで、聞くくせをまずつけなくてはなりません。そういう心づかいをしながら、ひとつひとつをそれぞれに見るのが、いいのではないかと思います。

人をすぐ上下とか、上手下手とかに種類わけして、どっちが偉いとか考えるという、そういう考えてもしようがないことを考えないようにしたい。比べて、自分のほうが劣っていると分かったからといって、どうしようもありません。自分の力いっぱいやっていくほかありませんから。

また不思議に思うことは、ほかの子どもが朗読してるときに、かならず本を見ていなければいけないという習慣があります。私は大正時代に勉強した子どもですが、確かにそんなことがあったと思います。いけないと言われたかどうか覚えていませんが、人が読んでいるときに、じいっと本を見ていたように思います。ですが、今は見ていないといけないという。ほんとうにそうでしょうか。朗読など音声のものなのですから、見ていたければ見ていてもいいでしょう。しかし、私は見ていない子どもをしかったりはしませんでした。見ていてもいいけれども、見ていなければいけないなどと、考えたことはありません。どっちでもいいのです、それは。

でも私自身はあまり見ないで聞いていました。もちろん教師は、間違いなどをメモしたり、教師としての責任上、いろいろ書かなければならないことがあります。しかしほとんどは見ず、しっかり聞いていました。それが、人の朗読を聞く、もっともいい態度ではないでしょうか。

音声で、文章の意味をそのまま伝える。音声で、耳で、文章の意味をそのまま受け取る。耳だけでは、意味が受け取れないということでは、聞く力が弱いことになります。聞く力を養うすばらしいチャンスをそまつにして、ずっと本を見ていなければいけないということが起こってしまいます。「どこが悪かったか、あとで聞きます」などと言うのを聞いたりしますが、そんな批判的な気持ちで聞いているのかと思うと、「はきちがえだなあ」という気がします。

そういう面での心づかいをさまざましませんと、純粋に話したり聞いたりするという話し合いの基本の基本のところができないと思います。ところが、そういうことなしに、話し合いに入っているような気がします。

話し合いで傷つけない

今度は話題ですが、本を読んだ感想とか文学作品の鑑賞とか、そういうむずかしい話ではなくて、そういう話し合いはよほど話し合いの力がついてからのことにしたいと思います。

子どもの練習には、もっとことばにしやすいことをよく話し合わせて、そして話し合いの技術を覚えさせます。ほかの人の話を誘うことやら、話し出すタイミングのことやらを勉強させます。そういうことができるようになりましたら、やや程度を上げて、内容について十分用意してから、話し合わせます。そうやっているうちに、だんだん内容的に深いものを話し合えるようになっていくのではないか。しかし、そういう運び方がうまくいっても、中学生のばあいは、文学について話し合うことは、最高級と考えていました。ですから、私は早くても二年生の終わりころにしました。

話し合いというのは失敗してはいけない。話し合いをさせたら、かならず話し合った喜びを感じさせる必要があります。そうしないと、頭のいい子どもの中に、ひとりで考えたほうがずっとよく考えられる、話し合うなんて面倒くさい、時間つぶしだなどと、考える子どもが出てくるかもしれません。ほんとうにくだらない話し合いは時間つぶし、なんにもなりませんから、その子の言うとおりです。自分で考えたほうがよっぽど早い、こういうことになります。作文などは失敗しても、みんなに知られずにすみますが、話すこと、声に出すことは失敗したら、もうあとには戻りません。長くひとつの心の傷になって、なかなか消えません。

そういう汚点をつけてしまうことは、何の利益にもなりません。そのために奮起してそれから勉強するようになった、などということは信じられません。恥をかかせたら奮起したなどということは、たしかに歴史上そういう偉い人もいたかもしれませんが、私の生徒の中には、そういう偉い人はいなくて、恥などかかせたら再起不能になってしまう子どももいます。ですから、私はとてもかわいそうで、そういうことはできませんでした。

話し合いは失敗してはいけない。話し合いをしたら、おもしろかったな、よかったな、と思うようにしたいと思っていました。感想を聞かなくていいのです。今日の発表はどうだったか、今日の話し合いはどうだったか、そんなことは聞くものではありません。聞かれた方は答えに困るものです、言えないものです。

話し合いには、準備段階がいります。いきなり組中で話し合って、話し合いの喜びを感じさせるなどということは、まず考えられません。グループであっても、いきなりグループを作って話し合ってごらん、机をつけて話し合ってごらんなどと言っても、どうにもならないでしょう。

この間見学した授業で、これまで全然話し合ったことのないという中学一年生の教室でのことです。教師がいきなり「じゃ、話し合ってごらん、机を向けて」と言って、子どもたちをみんな向き合わせて、なんとかかんとかやりはじめました。ほんとうに情けないと思いました。そんなことなら、話し合いなんてしないで、それこそ教師の独演でいいのです。教師がじょうずに話してあげればいいではないかと思いました。そのほうがずっと勉強になるし、子どもも楽しいと思いました。

話す中身をもたせる

まず、単純なことで話し合います。たとえば、司会者を決める話し合いをします。教室のまん中に、一グループを置き、それをモデルにして実際に話し合いをさせながら、具体的に考えます。分かったところで、ほかのグループも話し合ってみます。

こんな話し合いもさせられます。まず、分かりやすい、割り切りやすい話題を選びます。たとえば、「赤い鳥小鳥、なぜなぜ赤い、赤い実を食べた」という白秋の童謡があります。「ほんとうに赤い鳥は、赤い実を食べるんだろうか」「食べると思います」「食べないと思います」これでは話し合いになりません。ですから、両方でよく調べるのです。小鳥博士である野鳥の会の会長、この方が「赤い実を食べる」と言われたのです。小鳥の大好きな野鳥の会の会長に、「たいへん変なことをお聞きしますが」と断わって、おたずねしたのです。赤い鳥は実際に赤い実を食べるのだそうです。しかし逆に赤くない小鳥が、カラスなんかは別にしても、赤くない小鳥が赤い実を食べたとします。はじめから赤い鳥ではなくても、赤い実を食べたら赤くなるだろうか。これはだめなのだそうです。初めから赤いベニマシコのような小鳥が赤い実を食べていることは事実、しかし、シジュウカラなどが赤い実を食べると赤くなるだろうか。それはありません。

そのほか、赤い鳥に関するいろいろなことをよく調べます。食べると思う人も食べないと思う人も、いろいろの方法で調べて、たくさんの話したいことを持ちました。全部の人が話すタネがないと、話し合いはできません。初めから話すことがない人は、その場にいても、最初から参加できない、この学習に入れないことになります。話すことがない人が、どうやって話し合いの練習をするのだろうと思います。その人は初めから参加できないでしょう。もしそういう人が話し合いの席に並んでいたら、とその気持ちを考えると、いても立ってもいられないほどかわいそうです。「何々さん、いかが」などと言われたら、どうしましょうか。言うことがないのですから、どう言いようもありません。

そういうことがあると、ほんとうに話し合いということはなんにもならないし、授業にならないといっていいでしょう。話す内容をめいめいに準備していない話し合い、これは不可能なのです。

ですのに、その話し合う内容をしっかり持たせることについて、本気になって努力するということが、ほとんどできていないように思えます。子どもひとりひとりが別々なユニークな考えを持たないと、発言する元気は出ません。みんなの知っていること、だれかの言ったことを一所懸命言うなんて、そんなことは潔しとしません。やはり、「あれっ」と、みんなが耳をそばだてて聞くようなことでないと、一所懸命に話せない。それはもうその人の身になって考えてみたら、分かるのではないでしょうか。みんなが知っている当たり前の常識になっているようなことを、みんなの前で発表するなんて、そういうことは、だれでもやりにくいことですが、とりわけ中学生には、そんなみっともないことはできません。いくらかでも自分の力で得たこと、発見したこと、自分の力で得た考え、そういうものがあってこそ発表ができるのであって、それが周知のことだと気づいたら、その子はかならず話すことをやめてしまいます。

みんながユニークな考えをひとつは持っていなければいけないとしますと、クラスが三十七人として、私に四十とおりくらいの見方・考え方が思い浮かばないと、その題目で、このクラスに今回話し合いをさせる資格が私にはないことになります。

話題が大切になります。もちろん、私ども教師が考えておくのですが、そもそも教師が話題を持っていなければ、ヒントも出せず指導もできません。

自分だけが考えていることがあれば、みんなに聞いて欲しくて、言いたくてたまらなくなります。子どもは本来、言いたい言いたいと思っています。ですから、そこで話し合いを始めれば、「大きな声で」などと言わなくても、大丈夫です。自然と元気よく話します。

司会が失敗したら、話し合いの練習ができなくなってしまいますから、司会は、しばらく教師がした方がよいと思います。ある時、ある部分の司会をさせながら、だんだん育てますが、司会の指導は急がないことです。

話し合いのなかで、話し合いを育てる

話し合いそのものを、話し合った価値のあるようにするために、そして、もちろん、話し合う力を育てるために、話し合いのなかで、いろいろの指導をします。

たとえば、もし○○さんがそのことについて調べてあるなり考えてあるなりしている場合、「つづいて、○○さんに」とか、「今のこと調べてある人は、○○さん」とか、「つぎ、○○さんへ」とか、適当な小カードに書いて、ひとりか、ふたりに渡します。カードには、短いことばで、一目で読みやすく、「どういうことを言いなさい」ではなく、実際に、そのまま、口にしていいことばにして書いておくのです。そうやってお互いに話を譲るというのは、だいじなことです。ひとりでしゃべり過ぎないという

こと。自分の話がもし長くなったら半分で切って、そして人に話を譲るということを機会あるごとに教えるわけです。

「赤い鳥小鳥」のとき、この歌は、白秋の創作だと、みんな思っていましたが、そうでない、あれはほとんど同じ民謡があったんだ、そして、その民謡を白秋はひじょうに好きだったんだと、そういうふうに話が進んでいきました。その民謡を写してきたと、朗読する子が出てきます。朗読の世界にも入っていけます。それを、「今の歌、もういっぺんだれさんに読んでもらおう」などと言って、つぎに譲っていったりします。

白秋が「赤い鳥小鳥」の詩を作るときに原型になる民謡があったということは、とても魅力的なことで、私自身も発見したとき、「おやっ」と思いました。そういう歌がまだほかにもあるということで、それを見つけてある人に話をもっていきます。また、赤い、青い、白いの順序とか、赤い、青い、白いが何回ぐらい白秋の詩には出てくるだろうか、などというふうになるでしょう。みんな言うことがあって、そしてたいてい他の人が知らないことです。

しからない工夫

十分用意して、そして話し合いをすれば、話し合いは楽しくなります。互いに知っていることばかり、くどくど話したりしません。自分の言いたいことが見つけてあると、「聞き手のことを考えて発表するように」などと言う必要はなくなります。あまり言いたいことでもないことを話すときに、聞こえても聞こえなくてもいいような小さな声に、人はなるものです。話したいことがあれば、その声がどうしてクラスのみんなに聞こえると思うのかと思うほど小さい声の子、そういう子はいなくなります。みんなが「どんな歌?」と興味をもって聞いているのに、ボソボソッと読むことは、ちょっとできないものです。

万一、ボソボソ読んだらば、「ああ、おもしろかった。もういっぺんだれさんに読んでもらえば」と、司会者として教師が動いて、だれかに読んでもらう。「あなたは声が小さかったからだめだ」そういうことを言わない方がいいのではないでしょうか。本気で言う気があっても、ほんとうに声の張れない子どもというのもいるものです。それはひとつのくせのようなもので、みんなそれぞれ何かの短所、くせがあるのと同じように、声が張れないのではないでしょうか。

ですから責めてもだめなのです。話し合いの途中で子どもをしかるものではないと思います。心を暗くすると、たちまち声が落ちます。発言が鈍ってしまいます。話し合いのときは、べつに機嫌をとるわけではありませんが、そんなさもしいことはしませんが、どんなことがあってもカバーして、心を暗くしないことが、指導者の配慮ではないかと思います。

はっきりしないときは、はっきりしないと言わずに、すぐに問い直すといいのです。「これは○○なんですか」というふうに、うまく、はっきり聞こえなかった内容を取り上げて、話に入れて聞けばいいのです。「小さい声で聞こえなかったから、みんなに聞こえるように、もういっぺん言いなさい」などと言われるのは屈辱です。そういうことを言わずに、ほんとうに分からないように、「それで赤い鳥の先生のところへ行ったときに、どんなことを聞いたの」と問い直すのです。

人の目の前でしかられたり、「もういっぺん言いなさい」などと言われることが、どんなに恥ずかしく辛いことか。とても奮起するエネルギーにはなりません。たいてい、あとでしかっても間に合うことだったりします。四十人の子どもを前にしからないと困ることは、まずありません。間違えた場合、「こうじゃなかったの?」などと言って、直させたりしないで、「こうだと思ったんだけど、そうじゃなかったかな?」という言い方をすれば、子どもは「あっ」ということになって、自分から直すでしょう。とにかくしからないで、教師の質問という形で、うまく話を聞き出すのです。

そういうことをやっているうちに、いま教師が言ったようなことを、子どもたちが自然に覚えるのです。話し合いをしているときに、だれにも恥をかかせず、しかし話し合いが実りあるように、うまくリードしながら、自分が話すだけでなく、みんなのものも引き出して、思いがけなくひとりひとりを生かすことができるという、そういうふうにもっていかなければと思います。
そうなれば、だんだん話し合いというものの価値にも気づくだろうと思います。

シナリオを書く大切さ

話し合いを予想してシナリオのように書いてみることは、とても勉強になると思います。書いて、それを覚えてやるというのでは、もちろんありません。書けたら、そんなものは全部捨ててしまっていいのです。書き終わった瞬間、紙屑だと思います。実際の話し合いが予定した通りになるはずがありませんので。しかし、書いておくと、その場、その場で不思議に適切な指導ができるのです。ふっと知恵がわきますし、読むことの指導で、文学作品などが扱われるときは、なんども読んで考えたり、その研究物を見たりして、自分の教養を高められるでしょう。扱う前に、教材研究を深められるでしょう。それが話しことばの場合になると、教材研究が怠慢になりがちです。徹底して教材研究をしていないので適切に振るまえるはずがない。出たとこ勝負という格好がふつうになっています。それでも何とか話し合いができ、子どもたちも楽しかったなどと言うものですから、いい気持ちになれたりします。しかし、楽しくやれたからいいというものでもないのです。

なんの学力もつかないのでは、それは単なる生活の断片というわけで、学習生活の断片ではありません。従って教室の中でやることとしては、おかしいのではないか。教室では何もかも学力に直結していないといけないので、みんながいろいろなことが話せたからいいというわけにはいかないと思います。それによって、話し合いの力がついたというのでなければ、活発にものを言っていたからいいということでは、生活指導としてはよかったかもしれませんが、学習にはならないと思います。

話さない子どもをあまり気にしないことです。しっかり準備してやると、そういうことはまずないと思います。前にお話ししましたようにして発言を誘いますから、初めの段階はまず大丈夫です。

しかし、その段階がすんで、つぎの段階になったときに、ちょっと黙り込む子がでてきたり、しゃべり過ぎる子ができたり、そういうことになってきます。軽いうちにそれぞれに手を打つことです。自分だけ勝手に、人がどんな気持ちになっているかも考えずにしゃべりまくるなどというときは、教師が話し相手になりながら、気づかせていきたいものです。あっさりストップをかけてもいいのです。ずっと慣れてきてからは、私はそのまま、「やめ」ではありませんが、「ストップ」ということがありました。「ご苦労さま、その話分かりました。じゃあ、今度はつぎの話にいきましょう」というふうに、笑って。そういうふうに慣れてくれれば、ストップをかけてもいいのですが、それで気を悪くするような子ならば、質問を投げるのです。すると、考える間ができます。その間に、「考えといてね」と言って、話を移していくのです。

そういうことをするには、シナリオを書いて、どんな話が子どもから出るか、たぶん子どもからはあまり出ないような「おやっ」と思う質問は何か、そういうメモを持つのです。すると「あれっ、こんなこと考えてなかった」と、ふっと目にとまります。

シナリオのようなものを書いておくと、教室が目に見えてきます。「こんなことは出るだろう。しかし、こんなことを私なら言いたいけど、きっと出ない」と思うことを、たくさん持っておくのです。そして発言を誘ったり止めたりします。シナリオが書いてあると、そういうことがしやすくなります。

話さないのと話すことがないのとは違う

それから頭のいい子で、考え深くて、じいっと考えることが大好きで、それに夢中になって発言するのを忘れるという子がいます。そういうとき、発言が弱かったような言い方をすることは、これはまたたいへん傷つけることです。書いて発表するのと、話して発表するのと、どっちがいいかと尋ねましたら、どちらかといえば、書くほうがいいという子どもが何人かいても、構わないのではないでしょうか。内容がちゃんとあれば、そんな困ることでも、なんでもないでしょう。話せないことを苦にしたり、重荷にしないよう、しっかり考え、勉強しているなら、むりに話させようとしない方がいいと思います。

もちろん、教師としては、子どもが書くことも話すことも、発表の手段としてできるほうがいい、そうしたいと思います。しかし、その子の持っている、もっと大きなよいものを壊してまでも、泣かしてまでも、発言しなかったことを責める必要は、少しもないと思います。

中学二年生になったころ、いろいろなことで話していると、そういう子が出てくるのです。そういう子は終わったときに気が咎めるらしく、発言しなかったことが悪かったような、先生に謝りたいような、そういう気持ちになるようです。そんなことを苦にすることはないと言っておいてもです。

今日だけ授業しているわけではない。まだまだ何日も何年もいっしょに勉強するのだから、別に今日言わなければならないことはないと言っても、ひどく気にして、発言しなかったことを失策だったように思う、かわいそうな繊細な子がいるのです。そういう子どもを黙って帰してしまうと、家に帰ってまで発言をしなかったなどと、いつまでもそれを思って考えているのは、かわいそうです。そういうときには、たいてい子どもから何か言ってきますが、言ってこなかったら教師から声をかけて、別に「発言しなかったね」とは言いませんけれども、「あのとき考えていたことは、何だったの」と聞いたり、「私、あのときね、何か言うかと思った。言ってくれるといいなと思った。言ってくれたら、もっとクラス全体の話し合いが深まったと思う」と、そういうふうなことを言ったことがあります。

国語の時間でないときに、自分は口下手だというようなことを言った子どもがいましたので、「そりゃあそうかもしれない。だけども、言うことがないよりも、ずっとまし。言うことがあったけど、言わなかったんでしょ。言うことがなくては、ちょっと困るけれど、あってもちょっと言えなかったんでしょ。そんなことかまわないし、相手によって言いたくないことだってあるから、それはいいけれど。ただそういうふうにやっていくと、世の中を生きていくには、世の中のためになる度合いが少し足りなくなるんで、それだけ幸せでないってことは覚悟しなければね。それは、サッと発表して生きていくのと、黙って生きていくのとでは、多少寂しい思いをすることが、言わなかった罰みたいなの、あるかも知れないわね。それを覚悟すれば構わないですよ」私はそう言って、繊細で、あまりに考えるために発言が弱くなる子どもを、力いっぱいいたわるようにしました。それが短所ではないのだということ、それでいいのだということ、そういうこともあるんだということ。しかし、世の中を生きていくには、少しマイナスになることがあるかもしれないということ、だれにでも、このことがこうだったらいいのに、と思うことってあるものだということなど、軽く話します。

話し合いが終わったあとで、教師の批評があって、「今日、話さなかった人は、この次までによく考えてきて」とか、言う教師がいますが、そんなことは言わないほうがいいのです。考えがなかったとは決まっていません。司会者がへただったかもしれません。

そんなときは、話し合いの行なわれている間に、教師が実際にその立場に、司会者なら司会者になり代わって、発言者なら発言者になり代わって、話し合いに入ればいいのです。その子の前に立って、その子になってその場で言ったり、発言すればよいのです。今、何か言わなければいけないと思っていたけれど言えなかったというときに、そのことについてまとめなさい的な、そういう注意をするものではありません。かわいそうです。恥ずかしいと思うかもしれません。

こういうとき、私は知らん顔してその子の前に立って、こだわらないように、なんの気なく、その子の代わりに発言しました。そして「今、言ったとおりに言ってごらんなさい」などとは言いません。そんなことは、むり。覚えていられるものではありません。そんなかわいそうなことを言わないで、しばらく司会していると盛りあがってくるでしょう。そこでなんとなく教師は身を引くのです。そうすると、そのあとをその子がつないでいきます。いつの間にかそうなっていって、どこで何を失敗してそうなったかが、ちょっと分からずスムーズに流れていきます。

クラスのみんなの場合も、話し合いがうまく運ばなくなったとき、クラスの一員になって、それもひとりでなくAにもBにもCにもなって、発言します。椅子に座って手をあげると、「大村さん」と指してくれます。いい発言をします。優等生が転校してきたぐあいです。いい発言がひとつあれば、話し合いはグッと展開します。こういう指導をするには、シナリオを書いて勉強していないとよくできませんし、話し合いの内容をくわしく考えておかないとむずかしいのです。

話し合いは出たとこ勝負でなりゆきまかせ、教材としてあまり研究されず、何かゴタゴタしてきたりしますと、みんなで話し合ってみることにしようと、たいへん冒険する教師もあるようです。話し合いが進まなくなったら、教師が身をもっていろいろの人になって、縦横に活躍しながら何とかして盛りあげるのです。どうしても盛り返せなくなったら、手をあげて「しばらく休憩にしてください、考えてみたいと思います」という発言をしたりします。ほっとして、「じゃあ、この砂時計が下りるまで休憩にしましょう」ということになって、三分計だったり五分計だったりして、それが下りるまでは相談してもいいし、息をついてもいいし、おしゃべりしてもいい、ということにしていました。

最悪のばあいは休憩をとって、恥をかかせたり、心を暗くさせたりしないようにしました。子どもたちがまずければ、それを指導するのは教師の責任なのですから、何をいばって怒ることがあるでしょうか。自分の失敗は悲しいものです。自分の悲しみや不満のようなものを子どもに転嫁しては、子どもは困るばかりです。だめだと思ったら、それは教師の責任であって、子どもの責任ではありませんから、それこそ力を尽くして指導に当たります。助け舟は休憩をとることです。ゆっくり休憩をとって考えることです。どうしようかなと頭を冷やして考えます。どうしてこういうことになってしまったんだろうと考えて、思いついたら挽回します。とにかく休憩にしないと、つづけざまにしゃべっていると、頭が混乱してきて、ますます話し合いがだめになってしまいます。

新しい時代に向かって

話し合いということは、どうしても身につけさせなければいけないのに、今のおとなの人がうまく伝えていけないことのひとつです。ある時代まで、話し合うということは、おとなの世界であまり伸びていなかった力のひとつです。教えてもらってこなかったところが多いものですから。戦後世代のずいぶん若い人でも、まだ話し合いのことを教える人がみんな未熟でしたので、十分に習えなかったのだと思います。私なんか十分どころか、話し方の時間はありましたけれど、それは民話や昔話を話すのが主でした。昔話をじょうずにするのが話の時間で、話し合いなどということはぜんぜん習いませんでした。

教師も私たちの年代の者というのは、我ながらかわいそうなほど苦労したのです。話し合いについて、まず自分ができないのですから。司会のやり方なんて、ぜんぜん分からなかったのです。

〈話しことばの会〉というのは、そういう苦しみの中で、自分たちが鍛え合おうとして出発した会でした。話し合いをしたりスピーチをしたり、みんなで励まし合いながら勉強する、〈話しことばの会〉というのを作ったのです。これが発展的に国語教育学会の中に含まれたのですが、今でもその当時の人たちは、あの会を懐かしみ、ああいう会を持っていたいと言います。

いま、お集まりの方たちは、そのあとの世代の方たちです。けれども、その指導をなさった先生方が私たちの年代ですから、話しことばのことをよく分からず、話し合いの指導などについて、苦労したり喜んだりしたことがあまりない方が多いわけです。ですから、いま教師になっている方も、まだまだ話し合いの指導には骨が折れたり、または軽く思われていて、安易に扱ったりする。そのこわさや尊さや喜びや、そういうものをあんまり知らない年代なのだと思います。

これは時代の流れの中で起こったことなので、お互いを責めすぎてもだめなことです。やるよりしようがないのです。あの年代の先生たちに習ったからだめだ、と言われないように、あの年代のころから子どもたちもだんだん話し合いがうまくできるようになった、と言われるように、今のはやりことばで言えば、二十一世紀に生きる子どもたちを、話し合いのできる民主国家の一員に育てたいものだと思います。

いろいろな足りないことは、そういう時代の流れの中で起こった不幸な結果ですので、自分を責めすぎず、できることからコツコツ勉強して、この次の世代のところ、いま教育されている子どもの時代からは、話し合いがものになったといわれるような、また日本が新しく目覚めたといわれるような、そういう時代が築ければと思います。

目標をさだめて

単元学習への思い

今年（一九九三年）の秋に発表した単元「アイヌ、その意味は『人間』」のお話をしながら、なるべく単元の問題に、答えるというのでしょうか、触れていけるようにしたいと思います。どうぞみなさんは、私の話の中から答えを拾っていただきたいと思います。

なぜ単元を始めたか。これは、私の動機から言いますと、「戦争」ということだと思います。あのときのみじめな思い、自分だけでやったわけではなくても、自分が子どもたちを戦争に追いやった一員であり、どんな教育がどんな人を育てて、どんなふうになってどうなったか、それを見て、そのみじめさのまっただなかに一所懸命になって生きて、戦争が終ったときの、あのやり切れない虚しさは何とも言えませんでした。

何としても、それまでのつまらないことをいっさい捨てないわけにはいかない。義理にもその前のことをそのままやるということにはならない。そういう切羽詰まったものがありました。時代が変わって、その昔の教育がどういう歴史を残したかということを考えると、そのままでいいということにはならない。何とかして新しく人を育てていきたい、そういう願いがあったと思います。そこから、単元学習は、出発しているのです。ですから、単元学習は、何かを否定してではなく、何かを新しく加えようとしているのです。

いろいろな工夫をしてきました。私は、子どもたちの元気でない顔、いきいきとしない顔を見て、「困った子だな」と思っているなどという、そういう神経がいやなので、そういうときには、もう本能的に何か手を打ってしまうのです。そのままにしておけない、やむにやまれないものが胸につきあげてきます。

ですから、これでも済むではないか、そこまでやらなくても大丈夫ではないか、そういうふうな姿勢というのは、単元学習には合わないのです。悪いというのではない、合わないのです。今日までみなさんのなさっていることが、みんなつまらないことであるはずがありません。一所懸命なさったと思いますから、否定したりしませんが、そのままでいいのではないということです。つねに何か新しく加えなくてはならないのではないかと思うのです。

さて、このアイヌの単元は、今年（一九九三年）が国際先住民族年なので、それでこれを取り上げたのかと思われるでしょう。ところがそうではないのです。単元の誕生について、そこのところを、みなさん、いろいろお考えになるでしょうから、この単元の場合の実際を少しお話ししてみます。

この単元の発端

もともと、これは私にはたいへん珍しく、短い間に考えた単元です。それで辛い思いもしました。なぜかと言いますと、今までの単元はたいてい資料の三分の一から半分ぐらいは読みためたものがありました、今日までの読書というもので。そうなると、年の功ですから、どんなに一所懸命みなさんがお読みになっていても、私にはかなわないのは当たり前です。生きている年数が違うのですから。みなさんは十年か二十年か長くて三十年かお読みになっているでしょう。私は五十年も六十年も読んでいるのですから、同じに読んでいれば、私のほうがたくさん読んでいるのは当たり前です。

しかしこの単元では、アイヌについて読みためがなかったのです。すべてが新しい感じでした。いったいこんな本があったのか。ほんとうに我ながらあきれるくらい、中学生のようにアイヌに関する本を驚きながら見ていきましたから、たいへんに骨が折れました。

西尾実先生がおっしゃっていたのですが、「さもしい根性で、この単元をやるから何かいいものはないかな、などとキョロキョロ探すのはよくない。そんな人は、澄んだ目で資料を見ることができない。色眼鏡でもって、役立つか役立たないか、自分の今やろうとすることにあてはめようとする。そういう根性で探すから、ほんものの資料が見えない。白紙で、虚心で、何でも読んでおいて、自分の中に持っていなさい。それが何かのときに、はいっ、と出てくるんだ。そうでなければその資料を曲げてとることになる。その資料のほんとうの価値というものを生かすことができないのは、さもしく目的を自分で決めて、自分の都合のいいような目で見るから、適当でないものまで、いいかなと思うし、いいものがあっても見つからない。そういうことになるんだ」とおっしゃいました。今度はそのことが何度も心に返ってきて、悲しいと思いました。ですから、これは色眼鏡で見ているので「だめかな」と思ったり、アイヌと書いてあると「いいかな」と思ったりしながら、資料を集めました。そして、むさぼり読みました。

もともと国際先住民族年にちなんで、アイヌ民族を取り上げようと思ったのではありません。これは、三年越しのものなのです。

私の叔父は北海道開拓の尖兵でした。その人は、私に言わせると、非常に不器用な人だったと思います。手も不器用ならば、生きること自体が不器用でした。ですから、非常に苦労して、骨を折って功績も上げ、その印に、顕彰碑が建てばいいというものでもありませんが、畳一畳ぐらいある大きな碑が、和寒《わっさむ》神社の境内に建っています。叔父の功績を讃えているのです。

北海道という、その時分ほとんどお米など採れなかったところに、米を作った人、つまり、〃きらら〃というお米の先祖に当たるもので、それを作る方法を開拓した人として碑が建っています。その叔父が、たいへん悲しい最期をむかえているのです。布団もろくになく、うすべりの上で、たぶんガンだったと思われますが、ろくに医者にもかかれないまま、死んでいったのです。それで、こんなに一所懸命生きた人が、こんなことにならなければならないのは、なんだろうかと思ったのです。それを調べて、叔父のことを、何かの形で書き残したいと思って、それで三年越しで、調べてきたのです。

調べるために、旭川にもこの三月に行きました。旭川から車で二時間近く北へ上がったところに、和寒という駅があって、町がありました。そこまで行って教育委員会の方にもお世話を願い、北海道の大学にいらっしゃる村井万里子さんにも、さんざんお世話になって、一緒に車で雪の中をいろいろ訪ねさせていただきました。その村井さんの教えていらっしゃる院生の方たちが、長靴をはいて、私が埋まってしまうような雪を踏んで、碑の所まで連れて行ってくださったりしました。

しかしそれを調べながら、単元にすることを諦めようと思いました。これはどうしても調べたいことではあるけれども、単元にはならないと思って、少しがっかりしました。三年越し、この一九九三年の秋のためにと思って勉強してきた単元が、どうもだめなことに気がついたのです、子どもたちの教材に生かしきれないということに。それで、叔父について調べてきたことは、別の形で結晶させることにして、とにかく単元はあきらめようと思いました。でもせっかく来たのだから、叔父の資料だけはたくさん集めて帰りましょうと思って、村井万里子さんに案内してもらい、富貴堂という大きな書店へ行きました。

アイヌの発見

そこには、叔父の関係資料もたくさんありましたし、それから、アイヌ民族に関するいろいろな本がずらっと並んでいました。私は叔父のことは単元学習でなく、別の形でまとめることにし、今回は、アイヌ民族を取り上げることに傾きました。「叔父さん、さようなら。単元にはできないと分かったのだから、どうしようもありません」と思いながら、なお、アイヌの本を少しずつ見ていきました。ぐんぐん引き入れられていくような気がしました。なにしろ何も知らない者が見るのですから、なんでもひとつひとつびっくりします。「あっ、この本はおもしろいこと、へえっ」と思って、一冊ごとにびっくりするのです。そしてその日、その書店の棚が二つぐらい空いてしまうほど買い込みました。

そうやって資料を探しながら見ているあいだに、「アイヌ」というのは、ただ民族の名前かと思っていましたら、そうではなくて、アイヌ語の「人間」という意味だと分かったのです。

さらに、持って帰った本をよくよく読んでいますと、アイヌは、日本人のことを「シャモ」というふうに言っていました。外国人が日本人のことを、「ジャップ」と、やや軽蔑的に言っていたことがあります。今はあまり聞きませんけれど、ジャパンを縮めた形でしょう。アイヌは、日本人を「シャモ」というふうに言っていた。「コタンの口笛」(石森延男著)のような児童小説の中にも「シャモ」ということばが出ていて、それは軽蔑のことばだということを知っていました。

ところが、その「シャモ」というのは訛《なま》ったのであって、もともとは「シサム」である。その「シサム」という意味は、「我が隣人」という意味なのです。「シ」というのは「我」という意味です。私は、その時どきりとしました。アイヌ民族を知らないとはいえ、常識的に漠然と、アイヌ民族は日本人に虐げられて追われて、日本人を「シャモ」と呼んで、たいへん恨んでいると思っていたからです。そういうアイヌ民族の恨みが和人に向けられていると思っていました。そういう仲のはずです。とにかくアイヌ民族と大和民族とは争いが多かった。そして、結局アイヌ民族は負けたことになって、北海道の片隅に追いやられて、滅びゆく民族のようになっていると思っていました。

事実、いろいろな出来事が、読めば読むほどあったのに、今は日本人はアイヌのことなど忘れて暮らしている人が多く、そういう民族があったということぐらいしか覚えていない人がたくさんいるということ。それを、アイヌは、「我が隣人」と呼んでいたのか、と思ったときに、何か非常に胸に迫るものがありました。

そして、知らないということの恐さを思いました。相手をよく知ればそんなことはなかったと思うのですが、日本の明治以来の政府のしたことは、みんなアイヌにとって嫌なことだったのです。けれども、北海道を開拓して狭い国土を広くしようと思い、一所懸命になっていたあの時代の人たちが、みんなアイヌ民族をいじめようと思っていたとは思えません。それは知らなかったからだと思います、アイヌ民族が狩猟民族だということを。そして、狩猟民族にとって大切な山林を、大事な大事な狩猟民族の生きる場を開拓してしまって、それを田畑にしてしまった。そして「どうぞ、使いなさい」と言ったわけですから、そんなに悪いことをしたとは思っていなかったでしょう。ところがアイヌ民族は、農耕民族ではありませんから、道具もなければやり方も知らないのでどうしようもない。これだけではなく、まだまだいろいろなことがあって、アイヌ民族を理解しない、知らなかったために、それほど悪い気持ちではなくても、数々の不幸というものが生み出されたのではないか、と考えたのです。

そして、棚二つ分ぐらいのいろいろな本を読みながら思案して、「アイヌ――その意味は『人間』、シサム――その意味は『我が隣人』」というタイトルを考えてみました。その言葉にひかれて、また、知らないということの哀しさに打たれて、私はそのことを考えてみたくなりました。そして「国際先住民族年」というのは、そういうことを考えよう、という意味ではないか。先住民族のことをみんなで考えてみよう、無理解なことのために、しなくてもいい哀しいことをしてしまったり、お互いに溶け合わないということがあったのだ。知っていたらしなかったこと、相手の嫌がることだけをしたいなどと思うことは、人間としては考えられない、と思いました。そして、宮沢賢治のことば、「みんなが幸せでないかぎり個人の幸せはない。誰か一人でも貧しい人がいれば盗むということがどうしても起こってくるんだ」――そのことばは花巻にある碑に書いてあるのですが、そんなことも思い出しました。

そして、アイヌのことばの意味を単元の名前に取って、この単元を考えようと思ったのです。ですから、ただ「国際先住民族年だから、じゃあ、やってみようかな」と思ったのではないのです。そのくらいの程度では単元にはならないでしょう。やはりある感動とか、求めるものとか、しっかりと、なんのために、といった切実なものがないとだめでしょう。

子どもに頼りすぎない

「日本の四季なんてどうかな、おもしろそうだ」とか、「俳句の季題、日本の特色だからいいかな」とか、その程度の知識的・常識的でちょっとおもしろそうな、しかし、子どもの新鮮な感動を呼べない思いつきの単元がかなりあるようです。そういうのは、悪いということはないでしょうけれども、だいたい子どもがそういうことをしたいと言わないでしょうし、それから先生ご自身が発見したとか切実な感覚を持っていないでしょう。あまり精神主義的なことを言うのはいけないと思いますけれども、そういう意味ではありません。「暦でも作ってみたらおもしろいかな」そういうちょっとした珍しそうな思いつき、おもしろいでしょう、きっと。そういうばあいに、子どもはだいたいおもしろがるものです。珍しいことは子どもは何でも好きです。子どもはつまらないことでも、うれしそうにするものです。未熟ですから、珍しいものがあると、「わあーっ」と思うのです。「あら、おいしそう」とか、「あら、きれい」とか、「あら、かわいい」とか、すぐそうなってしまいます。

そして、私たち教師のほうは、前に、子どもが嫌な顔をするときはたまらないと言いましたけれど、その反対に、子どもたちがちょっとにこにこしたり、いきいきとして動くと、うれしくてぽうっとなってしまう向きがあります。それほど子どもたちの、いきいきした顔が見たい、そしてなかなか見られないのです。

このとき、あまり喜び過ぎないで、冷静に単元を見直すことが大切です。いつも教科書だけで、その学習の手びきに頼って学習を進めていますと、教師が少しでも努力した、工夫したところのある学習ですと、それだけで喜びます。それが「子どもの四季」とか「遊びについて」とかいった、ほんとうに子どもから出発したと言えるかどうかと思うような単元でも、とにかく、少し変わっている、珍しいやり方が入っている、答え合わせの世界から出ている、といったものですと、たいそうおもしろかった、よかったという感想をもつものです。喜ぶのです、喜び過ぎるのです。そういうとき、教師もいっしょに、たいへんいい仕事をしたと思い過ぎないようにしたいと思います。

子どもの感想や子どもの反応を大事にするということは、もちろん、大切なことです。それを考えない教師はないと思います。けれども、子どもは、表現力が十分ではないので、それを過信することはできません。子どもはにこにこして喜んでいましたし、感想文ではとてもおもしろかったと言っていましたなどと、そんなことをそのまま信じられるものではありません。

教師は自分の目でちゃんと観察しなければなりません。どういう点をどのぐらいおもしろがっているのか、おもしろいと言っても度合いがありますから。それから、単元の初めから終わりまで同じように喜んでいるわけではないでしょう。スタートのときには何だというような顔をしていても、そのうちに乗り出してくるかも分かりませんし、歩き方も違ってくるかも分かりません。そして、日によって違いますし、作業によって違いますし、いろいろなことで違いますから、子どもの感想文は参考にするのはいいかも知れませんが、それだけをあまり重く見過ぎないことです。

教師は、自分の目で見ることがいちばん大事です。それができなければ、子どもの感想文を読んでも、その中から真実が捉えられないと思います。

子どもの初発の感想をもとにして云々という考え方があります。それはたいへん、はやっていることです。しかし、初めてと言っても、教室で国語の時間にとり上げるのが初めてということなので、それまでにあちこち開けてすでに読んでいたかも分かりません。ですから、初発の感想をもとにしてというのは、よさそうでいて案外貧しいものになります。子どもはほんとうの初発のときは、花が咲くほどいろんなことを思っていると思いますが、学校へ来て感想を書くときは、初発といっても、実際は二番煎じぐらいでしょう。そういうことも承知しておかないといけません。

ただ子どもがいい顔しているとか、初発の感想がこうだったとか、そういうことを重大にぱっと捉えて出発しますと、意外に思うように進まなくなったりします。捉え方がずれているのですから、後がうまくいかないこともあるでしょう。

せっかく子どもの感想を大事にしようと思っている方に、水を差すことになるかもしれませんが、初発でない初発を全面的に捉えて、このとおりが真実だと思ったりするのは、やや安易ということになるのではないでしょうか。

このアイヌの単元は、子どもから声があがることはまずないと思います。アイヌの本の五、六冊は図書館にあるでしょうけれど、黙っていれば、「先生、今年は先住民族年でしょう。アイヌについて調べたいと思います」と、その程度のことも言ってこないと思います。だいたい気がつかないと思います、今の大人の世界がそうですから。ほとんどの人が、国際先住民族年というのがあるということさえ知らなかったりしますから。今年がアイヌの何とかだな、ということも気づかない。ふだんの生活のなかで、話題になっていない。そうすると、こちらから与えたことになる。単元の出発として違うのではないか、とお思いになりませんか。私は、そういうことを思われるのが当然だと思います。しかし、それでは単元の出発とか、子どもからという意味を、少し狭く考えすぎていることにならないかと思います。

子どもからということを、私はこんなふうに考えています。自然に待っていても、自然発生的に、子どもはいろいろなことに興味をもつでしょう。いろいろなことが珍しいですから。人生が珍しいですから。しかし、それは全部の子どもではなく、なんにも興味をもっていないという子どもも大勢いるわけです。そのなかで誰かが何か言ってくる。それをもとにするというのは、楽ですけれども、のん気な感じがします。

国語教育には、目標があります。とにかく学力、何ができますというでき上がった力ではなくて、学ぶ力そのものを見つめる。たとえば、創作力といいましたら、どんな作品が書けるかということではなくて、作品を生み出す力そのもの、というふうに学力を押さえて、それを伸ばそうとしています。なんの目標もなく、子どもの後についていくなどということは、やはり教育としてはどうでしょうか。ただ、子どもの行きたい方へついていく。それを生かしながら、手伝いながら。それでは、教師の仕事があまりにも哀しいような気がします。嫌だと思っているのに教え込んでやらせるとか、やりたいという気持ちも作ることができないのに引っ張るとか、そういうのと間違えているのではないかと思います。何もしないで子どもの後についていくことが、単元学習の始まりではありません。

ですから、私がこの単元を発見して、やる気になったときと同じで、特別にこれと思っていなかったのですけれども、ふと触れて、少し読んでいるうちに、ぐんぐんぐんぐんぐん引き込まれてくる。そういう単元があってもいいと思います。子どもも、そんなに簡単には飛びついては来ません。教師が言い出すと、利口な子どもは「やりましょう」とすぐ言います。それを自分はとてもいいことを言っていると思ったりするのは、若すぎます。苦労がなさすぎます。そういうのを信頼して、得意になっていると、とんでもないときに、「あら、何考えている子かしら」と思って、泣かなければなりません。ですから、にこにこして「先生、これいい」とほめてくるときは、もちろん嫌な気持ちはしないでしょうが、用心・警戒しないといけません。何人の子がそう思っているのか。その子は明日もそう思うのか。こういうように考えてみると、あんまり有頂天になってはいられません。顔は喜んで受けていいでしょう。けれど胸の中で、教師らしくぐっと抑えないと、教師ほどいい気な者はないという、それに当たってしまいます。子どもがちょっとにこにこすると、うれしがって、自分の言ったことがとてもいいと思いやすいですから、お互いに。

育っていく単元・しぼんでいく単元

この単元は、そういうふうに子どもからやりましょうとは言い出しはしませんが、掲示などを十分使って導入します。話もします。

そんなことで、押しつけられたような気持ちが、もし子どもにあってうまくいかなかった場合は、それはその導入のしかたが不手際だったのだと思います。しかし、前に申しましたような感動があって入っていくときですと、教師が燃えていれば大丈夫です。

それで、子どもたちを事前のところでうまくリードする。子どもから出てこないものはだめだというなら、出てくるということの意味を、もう少し広く深く、教育的というのでしょうか、教師らしく考える。子どもを大事に考えることは、ただついていくということではありません。気がつくべきことに気がつくようにするのが、教育です。おもしろくないならしかたがない、そういうことではありません。

どうしてもそういうことに人間として興味を持つべきだったら、押しつけはしないけれど、少しずつリードしていく。これが、教師の力です。いつの間にかだんだん持つべき興味が、その子の中に育ってくる。それをするのが現場の教師の力なのです。ですから、必要なことには、心を尽くして子どもをこちらに引き寄せるのです。それは決して押しつけでもなければ、戦前の教育でもない。そんなふうにしてこの単元はできると思いますし、できていくと思います。私がこの単元にとりつかれた歩みと同じように、やるに従ってみんなが膨らんでくる。「これやらずんばならず」という気持ちになってくるような単元なのです。育っていく単元なのです。

逆に、失敗する単元というのは、だんだんしぼんでいきます。やるに従って飽きてきます。こういうのはもう精力が続かないので、そういうことがあったら、早く打ち切ることです。飽きてきたら諦めて引き下がる。予定があっても押さない。だめだと思ったら、そこで切ったらいいのです。私の前に考えていた単元、もったいなかったけれど、切ってしまったのと同じです。あれは、やる前でしたから幸いでしたが、スタートしていたって、やっぱり切ります。素直に切ればいいのです。「この単元しばらくお預けにしておいて、またやるかも知れないけれど、ここで中止」と言って、やめてしまうのです。それぐらいの勇気がないといけません。

無理に押していきますと、長く禍根を残します。教師に対する信頼、単元に対する信頼、勉強の楽しみを失う。そういうふうに、困ったことになりますので、回復が遅くなりますから、だめだなと思ったらきっぱりとやめる。なお、単元は、いつも予備をつくっておくものです。失敗したり何かのことがあったら、これを、というのを、私はいつも用意していました。そしてほんとうに切ってしまったこともあります。子どもたちは、「ああ、そうですか」というような、ポカンとした顔をしていました。でも、代わりの単元がおもしろかったので、どんどん次の学習に入ってしまいました。そういう、あいだに入れる単元、なんの後につけてもやれるような、割と短い単元をいつも用意して持っていました。資料を揃えておいて、そしてすぐやれるようにしておく。そういうふうにすると、また、単元はどんどん育っていきます。教師も弾んでいけますし、子どもたちも力を出してきます。

効果を焦《あせ》らない

単元学習を進めても、そんなに急に目の覚めるほど効果が見えるなどということはありません。教育の効果というのは、何十年と先に花開くものですから、すぐ見えなくても焦らないことです。すぐ見えても有頂天にならないことです。自分だけで育てているのではありませんし、何かの加減でそういうふうになるのですから、よくても有頂天になってはだめですし、効果が見えないからといって、それが失敗と決まってはいません。ですから、よく考えて、自信を持ったことは、まっすぐに祈るような気持ちでやっていくのです。

私の学習記録など、初めから子どもがやりたいなんて言いっこありません。だいたいよく知りません。ところが私が「おはようございます」ということばのように、当然やることとして、堂々と対しましたので、ついつい、やってしまっていたということだと思います。これをやる必要があるかとか何とか、そういうことを考える余裕がなかったのです。あまりに堂々と押してくるので飲まれたという格好でしょうか。そういうことも大事なのです。それは押しつけるのとは違います。

自分の目で、はっきりこれだけの進歩があったと言えなかったからだめ、ということはありません。こうやったからこうなったと言える場合は、むしろ少ないと思います。作文をこの前こう教えたから、こんなふうに上手にできた、というような発表を聞きますと、ほんとうかなと私は思います。何か別のことによるのではないか。誰かの、何かの力が働いたのではないかな、と。私たちの国語教育の努力は、そんなにぱっと目に見えるものではありません。お料理番組などとは違うのです。「お塩何グラム。はい、おいしくなりました」そういうわけにはいかないのです。

ですから、ほんとうに喜んでいいものと、それほどでもないものと、自分のやっていることの効果を、自分で見つめて自分で評価して、判断をしっかりもつことです。そして、教育の効果というものは、なかなか見えないものだということを考えておいた方がよいと思います。

ふたつのエピソード

ちょっとしたエピソードですが、このあいだ、思わず感動して珍しく涙ぐむほどうれしいことがありました。

それは、昭和五十年、五十一年と中学一、二年を続けて教えていたクラスなのですが、三年生のときを教えることができなかった、私としては心残りのある学年でした。その学年に小学校時代から声を出したことがないという男の子がいました。Sさんという子ですが、その子は中学へ来ても、まったくものを言わないのです。まわりに迷惑はかけませんが、しーんとして、博多人形のような顔をして座っていました。話は聞いているようですので、そういう子どもについて、私は特別に勉強をしていませんでしたから、そっとしておきました。私はそういう子どもにものを言わせる扱いの知識がありませんでしたので、とにかくそうっとしておいたのです。

その子が小学校一年生の時からものを言ったことがないことは、小学校からの申し送りで分かっていましたし、クラスには「S君はね、何も言いませんから、先生、気になさるな」と忠告してくれる、小学校六年間いっしょだった友達もいました。それが前に言ったように、五十二年の春、私がクラスの担当からはずれ、Sさんは翌五十三年春に卒業していきました。それから、一度も消息を聞きませんでしたし、会ったことももちろんありませんでした。それが、ついこのあいだ、卒業生の小さなつどいがあって、その消息を知ることができたのです。

「先生、先生、S君に会いました。普通の人になっておりました」

消息を伝えてくれた教え子Kさんは、Sさんに石川台中学校のそばで出会ったのだそうです。そうしたら、彼から「あっ、Kさん、しばらく。お元気？」と声をかけてきたというのです。Sさんのことばを初めて聞いて、びっくりしていると、自分は卒業してから、今、こういう会社に勤めていて、こういう仕事をしていると、いろいろ話をしてくれたというのです。

そして、その変身した動機です。それがいつであったか、もう昔のことで分かりませんが、一時間きりの単元で、インタビューというのが、ありました。四つのグループになっていました。参観のお客様のあった時間でした。当時問題になっていたようなことば、まだ定着していないようなことばを一グループ、ひとつずつ取り上げていました。資料として、自分たちはそのことばづかいをどう思うか、どんなふうに使っているか、というアンケートのまとめたものを用意しました。授業は四十五分だったのですが、五分はだいたいロスになりますから、それを勘定に入れないと失敗します。そうすると四十分です。グループごとにお招きした先生にその資料を提供して説明し、先生のお考えを聞いて、質問をして、また少し何か伺ったりして、当時コピーがありませんでしたから、ホワイトミリアに下書きなしでいきなり書いて、それをすぐプリントして、みんなに配って、発表としました。そこまでで四十分と決めました。

時間をきちっと守ることが大事なことでした。壁の時計など見ていると、それだけロスになりそうです。それで、南部鉄のきれいにちーんとひびく鈴がありましたので、それを置き、Sさんを呼んだのです。「Sさん、私はね、指導にまわらなきゃならないんだし、四グループもあるから忙しくて、今何分だなんてとても知らせられない。ここに時間書いてあるから、このストップウォッチを使って、正確に、時間を知らせてね。あまり大きな音をさせないで、ちーんとやってちょうだい。この授業は四十分でやるところに意味があるんで、どうしても合図がいるのよ。お願いね」私は真剣でした。「分かったわね」と言ったら、こっくりだけはしてくれました。私は、任せました。いよいよ、始まり。ひょっと見たら、細い指を鈴の上に当てて、ほっぺたをぽおっと赤くしていました。一所懸命になっていたのです。そしてつつがなく役目を果たしてくれて、授業は終わりました。私はSさんにお礼を言いましたが、彼は何にも言いませんでした。私もみんなも正確に合図してくれてほんとうに良かったと喜んで、張り詰めた一時間の授業を終わったのです。そんなことがありました。

その日だそうです。緊張して、口はきかなかったけれど、人の役に立つ、かけがえのない位置を与えられて、自信がついて、何かあの日にぱっと心が開いたような気がしたというのです。しかし急に口をきくわけにはいかず、中学にいるあいだは沈黙の人のまま、卒業したのだそうです。

卒業した途端に花開いて、それから会社に勤めて、今そうやって「Kさん、しばらく。お元気?」などとあいさつする、普通の人になっていました。私は、驚きました。

ほんとうの効果というのは、そういうものではないでしょうか。

もうひとつ。まだ昭和二十年代、私は目黒区の中学校にいました。そこにいたTさんにもそういうことがありました。その子は、Sさんほどではありませんでしたけれども、とにかく私は声を覚えていないという子でした。ところが、あるとき同級会で集まったとき、Tさんが司会をつとめていたのです。そして、「みなさん、びっくりなさるな。私はね、いまJ病院の事務局に就職しています」もう係長かなんかになっていました。そのうえ、驚いたことには職場で一番の話し手になっているというのです。「誰かが結婚するというと、僕がかならず司会者に選ばれます。それから、ボーナス上げてくださいとか交渉するときなんか、ぼくがやらされる」みんな、ワッハ、ワッハと笑いました。中学生として私の教室にいたときには、声も覚えてないほど、発言力がない子だったのです。

特に、どういう工夫をしたということはありませんが、昭和二十四、五年のことで、戦後、それまでほとんど行なわれていなかった、話しことばの指導ということが始まって、私が夢中でそれと取り組んでいた時期の生徒でした。

それは不思議な例かもしれませんけれども、結果に注意しなければだめ、評価し続けなければだめではありますけれども、じょうずに気にしないと、あまりに焦って結果を出そうとすると、かすかなものを見損なう、後から実るものを見損なうことになるかもしれません。

とにかく、結果がよくてもよくなくても、あまり気にしないほうがいいのではないか。そこらへんはその人の知恵ではないでしょうか。気にしなければいけない無力というものはあるでしょう。何の甲斐もなかったな、としみじみ思うこともあります。何十年もたたなくても、ああつまらないことをした、と思うことがあります。けれども、焦らないほうがいいと思います。焦らないで済むほど一所懸命工夫してやったほうがいいと思います。悪いはずがない、誰がなんと言おうと、これはいいに違いないと信じられることをやっていけば、そういうことが起きるのではないかと思います。

国語科としての目標をはなさない

子どもたちといろいろアイヌについて調べても、考え方とか歴史上の見識といっても、内容はそんなおとなが聞いて感心するようなものにはなりません。そんな力はとてもありません。

単元学習が、社会科になってしまったとか、なってしまうから心配だとか、そういうことをよく聞きます。しかしそれは、目標を国語科にしっかりとおかないために、そういうことになるので、簡単な思い違いだと思います。社会科になってしまうのではなく、指導者が、国語科の目標を忘れて社会科にしてしまうのです。

アイヌ民族のことを調べるのが、国語科の目的ではありません。たしかに、内容がなければ話すこともできないし、内容が深くなければ、感動できる話はできないでしょう。しっかり読み取るものは読み取り、調べるものはしっかり調べて、考えるものはしっかり考えなければ、いい話も何もできません。ですから、内容を大切にしますが、指導目標には内容はありません。このことは分かりやすいことと私は思うのですが、それが問題になるらしく、社会科になってしまって、何をしているのか分からないということになってしまうらしいのです。

私としては、そのことをよく分かっていただきたいという思いもあって、この発表をしました。私はこの単元で、次のような目標を置きました。アイヌのことを調べるのですが、アイヌのアの字も出てこない、この国語科の目標を見てください。

目標

一、自分の聞く力、話す力を十分に使いながら、聞く力、話す力の働きの大きさを実感すること。

二、ひとの音声による表現によってこそ伝わってくる息づかいのなかに、意味・意図、また、その人を感じとること。

三、話を聞きながら、いきいきと考えつづけること。整理したり、まとめたり、発見したり、疑ったりする習慣をつけること。

四、聞きやすい話の特徴について、内容と表現の面から学習を深めること。

五、自分の音声を聞きながら話す習慣を身につけること。

六、場を読み、聞き手を読み、話の内容とその構成、話し出し、テンポを短時間に整えること。

七、自分の話しことばについて、いろいろの場、いろいろな目的、いろいろな相手に応じ、実際について、欠点を確実にとらえる能力を持つこと。

八、対談とインタビュー、朗読することと話をすること、シンポジウムとパネル・ディスカッション等、いろいろの形の理解を確かめ、それに応じた話し方をすること。

九、知らなかった世界に触れ、語いを広げる。今までの生活のなかで、考えたり話したりしたことのなかった考え方、感じ方に出会い、受けとったものを表わすことばを求め、探し、苦しみ、語いについて考える姿勢、態度をみがくこと。

意外な自然観、人生観、価値観に接し、ことばを探し求める経験を重ね、自分の語いの世界を広げること。

この単元の目標は、アイヌ民族について深く知ること。知ることこそ大事です。ですけれども、国語科としてのことばの力をつけようとする目標は、国語科の教科の中で、きちっと絞っておきます。たとえば、このことを達成するために、他の本を読むとか、いろいろなことを一所懸命やるわけです。読解もできなければだめですし、どうしてもことばのいろいろな力を使わなければできません。しかし、それはこの単元の指導目標そのものにはしていないのです。

ではどういうことかと言いますと、これは、何年生でもできるように組み換えられますけれども、今述べましたのは、三年生のおしまい頃に、話しことばのいろいろな形を全部おさらいして、仕上げをしようという単元の場合です。シンポジウムが何であるかが分かるようにしたいし、紹介するのと研究発表と間違えたり、対談と問答と間違えたり、そういうことをしないように実践的に分からせよう、このアイヌのことで新たに発見したことで、感動的に、本気になって、対談なり何なりを実践的に復習するということです。ですから、話しことばの総仕上げとしての目標です。

まず第一に、「自分の聞く力、話す力を十分に使いながら」という目標があります。つけた力をどのような場に使って、どのようにすれば十分に力が出せるのか。

そして「聞く力、話す力の働きの大きさを実感すること」。話すことや聞くことは、いかに大きな力をもっていることなのか。人の人たる命のことです。人が同じ時間を、こうして一緒にいるということは、命の一コマを共にしていることです。お互いの命の一コマを使っていくわけでしょう、息づかいを交わしながら。そういうことの果たす仕事の大きさ。人と話すことによって得るものの大きさ。お互いがお互いの命を交わしながら、本では得られない別のこの息づかいの力、これがなければ話すことの勉強を本気でやる気にはならないのではないでしょうか。こういうことを、実感してほしいと思います。

誰でも話すことの大事さ、それをひしひしと感じて、ほんとうに奮起できるような、その偉大さに打たれるような、そういう実感がある発表にしたいのです。そういうことを目当てにしているのです。アイヌの話をしながら、そういうことを考えていくのです。それをここでは指導目標にしています。それだけのことができるような発表になるようにしたいのです。

二番目に、「音声による表現によってこそ伝わってくる息づかいのなかに、意味・意図、また、その人を感じとること」。これを感じられなくては、ことばの力、聞く力があるとは言えません。

聞く力というのは、たいへん自然発生的に育つもののようにされています。しかし「よく聞きなさい」と言うだけでおしまいでは、どうしたらよく聞けるようになるでしょうか。よく聞く癖をつけないと、いい話をたくさん聞かないと、その力は伸びません。

聞く力の大切さ、それを育てることについて、この頃多少取り上げられてきましたが、まだ本気になって聞くことを目当てにして授業していないことが、よくあります。せいぜい何かをよく聞いて、後で意見を言わせる学習です。意見を言う、そのもとの聞く力に心を向けたいものです。意見ばかり聞いているのでなくて、発表者のことばの息づかいのようなものに、その人の人柄とその意図を感じること。熱心に発表を聞いていれば、ただ声がして意味が分かったという、そういうことだけではないはずです。その人が今までどんな実践を、どんな思いでしてきたか。いいの悪いのなどということを越えて、どれくらい一所懸命にやってきたのか、単元に対する考えだけでなく、情熱を感じるでしょう。そういうことを感じて、その「人」を感じるのでなかったら、聞く力があるとは言えないのではないかと思います。

本気になって指導しようとすると、そういうふうに聞ける話が必要になります。いろいろないい発表がなければ、こういう力をつけることはできません。意図を聞いたり、それから、その人柄を感じたりすることができるような話を聞かなければ、発表者のほうも育ちません。これは、指導の目標とした場合に、たいへんな努力のいることだと思います。

三番目に、「話を聞きながら、いきいきと考えつづけること」。

「ぼやっとして聞いてないで、よく聞きなさい」と言えば、おとなしく聞いているかも知れませんが、いきいきと考えながら聞いていないと困ります。「人の話をよく聞く」という、「よく」の中身です。「よく聞く」ということは、ただ聞き落としをしないということではありません。いきいきと自分の心を働かしながら聞いて、いきいきと考えつづけないと困るのです。本を読んで、ある所で止まってじっと考えることがありましょう。音声は流れていくのですから、先へ先へと行きます。それを、耳だけで、いきいきとある時間考えつづけないと困るのです。これも、それに耐える中身の話がさせられないとできないことです。

そして「整理したり、まとめたり、発見したり、疑ったりする」。これはひとつの習慣なのです。力とも言えますけれども、習慣も一種の能力のようなもので、そういう癖がついていないとできません。こうなると、ますますたいへんです。あるときできればいいというのではなくて、そういう癖になっていて、人の話を聞くときは、いつもいきいきと考えつづけながら、話を聞いているのです。そういう人でないと、聞く力がある人と言えないと思います。「よく聞くように」などという漠然としたことを、教師は言わないようにしたほうがよいのです。「立派な人」と同じように、何が立派だか分かりませんので、具体的に分からないでしょう。そういう曖昧なことばで学力を考えていると、学力とは何かが分からなくなってしまいます。

四番目に、「聞きやすい話の特徴について、内容と表現の面から学習を深めること」。分かりやすい話を内容と表現、この両面から考えていきます。どういう話はどういう形が分かりやすいとか、そういうことを、きちっと分からないと困ると思います。

五番目は、「自分の音声を聞きながら話す習慣を身につける」。

これは、あまりむずかしくなさそうでいて、なかなかむずかしいことです。自分の声は実はなかなか自分で聞けないものです。人の反応を見ながら話す。これは随分あると思いますけれども、自分の声を自分で聞きながら、聞き手がその話を喜んでいるかどうか、今の話し方でよいか、自分が聞き手だったら喜べるかを感じながら話さないと困ります。夢中になっているときは、自分で自分の声が聞こえない。つまり自分の言っていることが自分で聞こえていない。そういうことになります。ひどく早口で話す人があります。聞く人のことも考えてないと思われるのですが、そういうときには、自分でも自分の声を聞いていないのではないかと思います。

非常に早口であっても、ポーズがあれば、かならず分かります。むしろあんまりゆつくりな話し方よりも、やや早口で止まったところがある話し方の方が、砂に水が浸みるような時間があって、分かりやすいかも知れません。発音をはっきりさせることと、ポーズを置くことを心がければ、早口は短所でも何でもないと私は思います。

そんなことに気がつくのも、自分で自分の声を聞いているからでしょう。自分ほど厳しい指導者はないと思えばいいのです。自分の話について人に聞いても、お世辞も言うでしょうし、分かっていないかも知れませんし、誠意もないかも分かりませんから、当てになりません。悪いと、気の毒であんまりほんとうのことは言ってもらえないでしょう。自分の判断がいちばん鋭いと思っていいのです。厳しくできる、遠慮なく叱ることができるのは、自分しかいないでしょう。

次は、話すことについてになりますが、六番目の「場を読み、聞き手を読み、話の内容とその構成、話し出し、テンポを短時間に整えること」というのは、話すことを普通に話せるようには、もう三年生ですから、なっているわけですから、こういうむずかしい、しかし、どうしても必要なことを目標にしているのです。

いろいろの場、いろいろな目的、いろいろな相手に応じて、自分の話しことばの欠点を確実に捉えることができるか。完全ないい話し合いにするようになどと言っても、何が完全か分からなくては、なかなかできません。できるだけやります、というのにすぎないのではないでしょうか。そうではなくて、自分の欠点だけは、気をつけなければだめだということです。これは能力です。つまりこれが学力です。学ぶ力です。どんなことができましたという力ではなくて、学ぶ力そのものです。自分のだめなところを確実に自分で捉える。先生や友人に教えを乞うのも、そのひとつの工夫です。ですけれども、そういう他人から受けるものは助言にすぎません。どこまでいっても助言は助言です。そのものだけでは、しかたのないことです。

それから「場を読めない」では困ります。自分の話したいことだけを話すのに夢中で、場を捉えない、聞き手を捉えない。そういうことでは、いい話にはならない。よさそうな話であっても、よくない話になってしまうでしょう。実際にいろいろな場に出会うこと、たびたびいろいろな場に出会わないと養えない力です。

ことばを増やしていく

飛びますが、九番目は語い指導です。分からないことばを教えようということは、国語科で書取りと並んだ、誰でもすることで、しなければいけなくて、そしてやれていないことの中に入っています。方法がある程度固定していて、それが長いあいだいい結果を生んでいないのに、今日もされているのは、書取りとことばの言いかえではないでしょうか。

ですから、ほんとうにことばを増やしていくということ。ただ分からないことばを分かるようにするという、それだけではありません。生きたことばを増やしていくということは、たいへんなことで、ひとつの生活を理解するか体験するか、何かしなければ、ほんとうの意味でのことばは増えないでしょう。その意味で、このアイヌのような単元、私はこれを非常に魅力に思っています。アイヌの人たちには、和人とはたいへん違った人生観・自然観・宇宙観があります。ですから、ほんとうに今までに知っていたことばでは間に合わないのです。これはどういうことばで言えるかと思うようなことが、たくさんあります。

たとえば、狩りをします。鹿を捕ったとします。そして、肉を取るとき、もちろんまず自分の分を取りますけれども、そのあと、これは狼の分、これは狐の分、これは何とかの分として、木の根のところなどに置いてくる。捕っただけ全部持って帰るのではなくて、自分たちはこれだけで足りる、あとこれは狼さんに狐さんに、というふうに。これは、ただ自然愛護とか、そんなこととはぜんぜん違う世界です。そういう気持ちを言おうと思うとたいへんです。

優しいとか、信仰とか、いろいろなことばを思い出しても、どれもみな合いません。それでことばを探して、頭の中を知っている限りのことばがかけめぐる。知っていることばを全部活躍させて、どれもみなだめで、こういうことを表わすには、どういう表現があるだろうかと、ことばを求めて頭のなかがぐるぐる廻ります。こういうときに、言語感覚とか語いを自分で増やしていく力とかが、伸びていくのでしょう。

ですから、こういうことばがあるから覚えなさい、ということで覚えさせるなどというのは、ほんとうに、はかない、最低の語い指導ではないでしょうか。そんなのは暗記しても使えません。こういう、どう言うんだろうという思いが、このアイヌの単元をやっていきますと、たくさん出てくるのです。自分たちが今まで経験しているのとは、まったく違った世界、生活の断片、そういうものに触れるということがなければ、語いを増やすことはできません。ひとつのことばを覚えることは、ひとつの人生を知ることだとも言えると、私は思っています。ひとつの気持ちを表わすことばを覚えたということは、それだけそういう人生を知ったことです。そういう人生を知らずに、ただ「感動は心が動くこと」と言ってみても、感動ということばをほんとうに使うことはできません。もちろん感動と人が言ったときに、しっかり受けとめることができません。

前に、単元学習は子どもの後にただついていくわけにはいかない、と言いましたけれども、子どもの後にただついていくような単元というのは、結局、生活範囲が限られてしまいます。生活体験の狭い子どもは少しぐらい好みの本を読んでも、そんなに拡がらないのです。ですから、どうしても新しい、はっとするような、こんな生活があったか、こんな人生があったか、こんな人がいたか、そういうふうな驚きのようなものがあって、はじめて体験的にことばが増えていくと思います。

簡単なことばでも、たとえば、非常に寒いときに、「寒い」一語で、「寒い、寒い」と言ったり、「さむーい」と言うだけではなく、やはり「厳しい寒さ」「凍えるような寒さ」といった言い方などを着実に覚えていかないといけないでしょう。ことばをたくさん使いこなせるということは、ただ生活に間に合うというだけでなくて、豊かな生活をしていることです。その人が豊かな人間だということです。ことばが貧しいということは、それだけ単純な世界しか知らない、浅い人間だということだと私は思います。

そういうことを考えると、このアイヌの単元はまた極端なくらいですけれども、違った世界に触れて、みんなをびっくりさせることができると思います。

カムイなどというのは、どういうことなのでしょう。神様でもなく、もちろん日本の天照大神《あまてらすおおみかみ》とはぜんぜん違う。イスラム教ともキリスト教とも違う。目につくもの、アイヌでないものは、みなカムイだなどと言われますと、どういうことか分からない。ですから、植物人間などということばを使っている和人の私たちには、植物というものをカムイと言っているアイヌの気持ちを理解するのは、なかなか難しいのです。植物はみなカムイであって、人間ではない。アイヌ、つまり人間ではないのです。人間でも神でもない、その間にカムイというものを持っているのです。

そういうふうに、精神世界が違いますので、私は精神を表わすことばを勉強するためになると思います。そういう目標を掲げたいと思います。

単元学習のおもしろさ

こういうふうになってきますと、単元というのは、単元の目標とか、範囲とか考えるときに、その目標のおき方が、きちっと国語科の世界にあるということが国語の時間の命ではないかと思います。教育としては、どんなふうに拡がってもいいと思います。生活科的になっていってもいいと思いますけれど、国語の時間には国語の時間が責任を持っている目標があります。

他の教科の中に入っていない、言語そのものの、言語生活を高めるためのことばをもって生きていく。その力をつける専門の時間は、やはり国語の時間なのです。ですから、国語の時間というのは、学習活動はいろいろですが、目標は、つまり国語の時間が責任としていることをねらっているのであって、それが狂ってしまいますと、勉強の拠りどころがなくなってしまいます。ことばの勉強をする場所というのがなくなってしまいます。それでは国語科というものが、意味なくなると思うのです。

学習活動はさまざまで、場面もさまざまです。でなければ、語いも増えず、そして、いろいろなことばの力も増えません。今、目標としてみたようなことは、全部、さまざまなもの、さまざまな場に触れなければかないません。ことばというのはそういうものであって、社会科とか理科のように学習範囲をきちっと持つことができません。

すべての奥をずうっと流れていますから、教科としても並んでいるものではなくて、それこそ基礎になっているものです。ことばなしの授業というのはできないでしょう。その基礎でもって基礎を教えようというのですから、たいへんなわけです。他の教科は基礎の上に基本を教えようということになりますから、ちょうど地面の上に柱を建てるようになって、たいへんやりやすいと思います。

どうぞ、目標ということについて迷ったり間違えたりせず、また他教科になるなどと言わずに、目標をしっかり国語科においてください。自分で目標からずれていかないように。国語の時間には国語科の目標を見つめて、国語の時間でこそ育てられる人間の能力を育てるのだと、はっきり考えてください。社会科になってしまうなどということは、あるはずがありません、あなたが目標のおき方をまちがえさえしなければ。

アイヌ民族というのは、たいへん興味ある民族で、私は今まで読んでいなくて、今回、まとめて読んだのですけれども、たいへん楽しいと言いますか、張りつめた発見の夏を過ごしました。読みながら、この単元の背景にいろいろなことがあったことをお話ししようと思いました。そしてあまりうまく言い尽くせませんでしたが、単元というものの問題点にいくつかお答えしたかったのです。どれだけお答えできたか、みなさんが今までの話から拾ってくださるのを願っているようなことなのですが、ほんとうに単元学習は、誰かがおっしゃっていましたが、やみつきになったらというのですか、気がついてやってみると、自分の成長がいちばん楽しい。あり合わせの持っているものを小出しにしながら教えている世界などが、どんなに生きがいのない世界かということが、ほんとうに分かって、そういうところに戻ろうなどと思わなくなってしまいます。

ただ非常に骨の折れるということは、それは確かです。しかし人を育てる仕事が、楽であるわけがありません。ただその骨折りが無駄でないということが、うれしいのではないでしょうか。たとえ無駄に見えても、三十年ぐらい経ってから花開くかも分かりません。たとえばSさんは、私が何を教えたか分からないと思うような、何の会話もないと思っていたのに、私の目を離れてから、大きく花開いて、「やあ、こんにちは」などと言っているのですから。そういうことを信じて努力したいと思います。

国語教師に望まれること

「あきたこまち物語」を単元に

ごく小さい子どもでも、かなり大きな子どもでも、やれそうな単元をひとつご紹介します。

ここは秋田ですからご存じの方が多いと思いますが、「あきたこまち物語」という本があります。これは、昨年（一九八九年）私が「赤い鳥小鳥」という単元の発表をしましたその時の資料のひとつでした。「赤い鳥小鳥」と「あきたこまち物語」とどういう関係があるのかとお思いになるでしょうが、内容が通じているのではなくて、取り扱い方とか、まとめの着眼点とかを知るのに、たいへん格好だったのです。それでこれが去年から私にとって親しい本になっておりました。秋田の読売新聞社がまとめたものですし、一九八八年の一年間連載されたものですから、かなりの方がご存じだと思います。

この「あきたこまち物語」のような題の本ならば、たいていの先生が見たいと思われるのではないでしょうか。これは単元を作る参考にもなります。そしていい教材だと思います。説明的な文章でありながら、「あきたこまち物語」という書名が示すように物語のようなところもありますから、これを基にしますと、なかなかいい単元になりそうです。そんなお話を少しして、問題点をお話ししようと思います。

「あきたこまち」というのは、もちろん秋田のお米のことです。「まず、これを読みましょう」などと始めるのではありません。「あきたこまち」について、名前ぐらいは多くの人が知っているでしょう。どうしてその名前がついたのか、最初、秋田県のどの辺で試験的に作られたのか、それについての歴史がいろいろと書かれています。篤農家の話も出ています。

コシヒカリとかササニシキとか、有名な日本一のお米があります。それに対して

「あきたこまち」は、いわば新人です。この新人がどのようにして踏み込んできたのか。まただんだん有名になってきたのではなく、非常に急速に二年ぐらいの内に、パッと日本中に名前を知られるようになったのです。それには、どういうことがどんなふうにあったのか、その陰にどんなことがあったのかなどは、子どもが興味を持っていいことだと思います。持たなければ持たせる工夫がいると思います。

小さい子どもでも、「なぜ『あきたこまち』っていうんだろうな？」というのは、おもしろい話題ではないでしょうか。そういうことを聞いても、ぜんぜんおもしろくないということは、子どもであっても、ちょっとさびしいことです。多分興味を持てると思います。持てなかったら、いろいろと手びきしなければなりません。

お米のコンクール、いろいろな方面の代表者など二、三十人が集まって、炊きたてのご飯を食べ比べて、点数をつけていくという催しがあり、テレビにも出ていました。その時に「あきたこまち」は何点ぐらい取ることができたか。こんなことは、点数に敏感な子どもたちには、ちょっとおもしろく思われるものです。コシヒカリは何点、ササニシキは何点と書いてあるなら、見たいと思うのが、当然だと思います。

教師がこの本をじっくり読んで、いろいろな角度から興味の中心・テーマを調べるのが教材研究です。そして、その中から、自分の学年に合うのを取り上げるわけです。少し物が書けるほどになっている子どもたちになら、「あきたこまち」と言ったときに思い出されることを、できるだけ書かせてみることにします。すると、どんなことを持っていけば興味があるか、ということもつかみやすいと思います。中学生ぐらいになると、かなり書けます。

「秋田県って言えばお米だ」ということばも、この本のなかにあります。そういうことばを出して、「これ、どう思うか」、「どう思うか」などということばづかいはいけませんが、そのことばに、お米を作ってきた人たちの、どういう気持ちがこもっているのか、どうしてそんなことが言えるのだろうか、というふうに考えていきますと、かなり上級生・中学生向きになってきます。中学生などは、この本を各自で持ってもいいでしょう。

一番はじめの章は、「小町革命」となっています。小町に革命なんて合わないわけです。そうすると、そういう題をつけた人の気持ちが分かってきます。それから「小町街道」というのもあります。これらは、みな見出しです。「大潟《おおがた》村最前線」とか「変わる農協・変わらない農協」「行政に何ができるか」こんなのもありますし、「農家の肖像」というのもあります。

こういうひとつひとつが単元名になれます。その名前から目のつけどころが分かるだけではありません。「農家の肖像」と言ったときに、このことばづかいから、どういう人を思い浮かべられるでしょうか。「農家の肖像」ということは、たくさんの篤農家の姿になるわけです。その中のひとりを取り上げてもいいし、どんな人が「あきたこまち」を作ってきたのだろうかという言い方にすれば、たいへん子どもに分かりやすくなってきます。

単元のいろいろを考えると、私は自分が秋田県の教師だったら絶対逃さない資料だと思います。まず何よりも子どもたちの生活につながりがあります。つながりを持つべきです。「あきたこまち」のことなど考えない子どもは、家がなんの職業であろうと、さびしいと思います。ぜひ、そういう農業に直接関係のない子どもたちにも考えてもらわなければいけないと思います。それは郷土に対する愛情だと思います。それから、この「あきたこまち」が急速に、これだけの位置を持ったこと、コシヒカリを超える点数を取ったことなどは、子どもたちを驚かせると思います。コシヒカリが七点で、「あきたこまち」は九点ですから。そんなことは農家でなくても、やはりワクワクすることではないでしょうか。その秘密を探ったり、いろいろなことを知りたいと思うのが、当たり前だという気がします。

大潟村のことなどは、上級生で取り上げれば、「実に日本の歩みと共に苦悩してきた農村ではないか」と、思いがけない展開になるのではないでしょうか。そういうことを考えたりすると、この単元はだんだん深みを持ってきます。考えが浅くても幼くても興味が持てて、そして考える人はどこまでも考えていって深められるもの、背景にも触れていける、これが個人差に応じられるということでしょう。単元として、おもしろいのではないかと思います。生活に、地域に、ぜひ直結して考えさせたいものです。

このごろ郷土に関する材料で勉強することが、たいへん大事にされています。故郷を愛するとか国土を愛するとか、そういうこころを育てようとする気持ちから、そういう題材が大事にされています。別にその声についていくというわけでなくても、身辺のことに、これという興味を持たないというのは、それ自身つまらないことのような気がします。そういうところから単元を拾い上げたいと思います。

またこのなかに篤農家の話が出てくるのですが、伝記は子どもたちの読む本のなかに大きな位置を占めていますし、ぜひいろいろな人生の先輩の足跡を読んで欲しいものです。

ところが、型にはまった内容のものが多くなって、どういうところが偉いかとか、小さい時はどうだったかとか、並べて考えていくものですから、近ごろあまり伝記が喜ばれないと聞きます。昔は中学生あたりが一番熱心に伝記を読んでいたのに、このごろはそれが小学生に下がってしまい、小学生の子どもがおもしろく思う程度ということにされています。中学生が一番読まなければいけないのに、読む率が減ってきているといいます。伝記というものの扱いは、いっぺんはしっかりやってみなければいけないと思い、私自身も何回も伝記を教材にしたことがあります。そういう点から言っても「あきたこまち物語」は取り上げられるでしょう。

いよいよこれを取り上げようと決めるときには、その時の世の中の考え方といいますか、そういう面からも光を当ててみて、時代の要求に合っているかどうか、これから進んでいく道に対して古くないかということも考えなければならないと思います。今それよりもっと考えなければいけないことがあるといいたいような題材というのは、それを古いというのでしょうけれど、子どもたちの興味を引くはずがありません。先輩の足跡を勉強するのは必要だから、といったような教師らしい考えから、伝記を取り上げたりすると、おもしろくならないと思います。

けれども、「あきたこまち」が飛躍的な進歩を遂げて、日本の代表的三つのお米と言われるところまで来た。そういうことを基にして、それを巡る人々を考えたり、読んだり、話し合ったり、書いたり、いろいろな学習活動をすることは、興味ある勉強になると思いますし、いきいきとした学習になると思います。小学校の一年生から中学校の三年生まで「あきたこまち」で単元ができると思って、私は自分がもう現場の教師でなくて、実際にやれないことを残念に思います。しかし、もし、なさる方があるかと思い、これから話してみます。

ひとりひとりを大切にする

単元学習というと、たくさんの材料がなければならないと考えている方がありますが、そういうのもありますが、材料がたくさんあるのがよいというわけではないのです。

しかし、同じ材料を同じ方法で勉強するというのは、ひとりひとりをその子どもなりに育てるという考え方からは、ものたりない気がします。同じ教材を同じやり方で「さあ、何々しなさい」というのでしたら、今、「個人を大切に」とか「創造的に」とか言われていることに応えられないのではないでしょうか。たぶん、そういう場合は、個人というのが捉えられていないからだと思います。個人を捉えれば、やはりこんなに違うこの子とあの子の指導が同じでは困るのではないかと気がつきます。ですから、たぶん個人が見えていないのだと思います。

このごろ、よく「個人差に応じた指導」というテーマの発表が、雑誌などにも載っています。教育はみな個人を育てるものであって、グループもクラスも、束にして育てることではないはずです。教育はあくまでひとりひとりを育てることで、個人個人の問題です。グループ活動というのもひとりひとりを育てるため、グループのなかでなければ育たない、ひとりひとりの力があるからです。ひとりひとりを育てるためにグループ活動があるのです。グループでまとめて一束というものではありません。そのところが、はっきり考えられてなくて、個人を育てるのに、グループ活動はいらないという考えになるのではないでしょうか。

ひとりひとりを育てるには、まず、ひとりひとりを知ることです。ひとりひとりを捉えていなくては、それに応ずる指導ができるわけがないと思います。

個人差に応じるといっても、点数とか性格とか言語生活的特徴、つまり書くことと話すことの、どちらが得意だとか、発表力があるとかないとか、司会がうまいとか下手だとか、そういった種類の、常識的な、教師であれば何もしなくても知っているような個人の捉え方の上に立って、個人差に応じると言われていることがあります。その程度ではなくて、個人差に応じるというときの個人の捉え方は、教師特有のものです。それが十分に捉えられていないのに、「個人差に応じる指導は、こんなふうにやります」などというのは、どういうことでしょうか。子どもをしっかり捉えている場合に、初めて個人差に応じる指導が生まれてくるのです。捉え方があいまいだったり大雑把だったりしたときに、その人に応じる方法などが考えられるわけがないと思います。

個人差に応じるということは、まず個人をしっかり捉えることでしょう。それなしに個人差に応じる方法というのはありません。そこをしっかりつかまえておかない、あいまいなものがこのごろ多くて、まじめな先生方を惑わしているのではないかと思います。こういうふうにすれば、ああいうふうにすればと言いますけれども、捉え方が大雑把では、その方法がどうしてそのひとりひとりに合うかということを説明できないと思います。

教材の用意

子どもが見えてきた場合、どうしても同じ教材・同じやり方では学習を進める気になれません。同じ部屋のなかで勉強を始める子どもたちの、いわゆる勉強ができるできないぐらいの違いならいいのですけれども、各々の細かい違いに応じようとしますと、材料はどうしても多くなります。そうやって適切な方策がとれれば、子どもはよく伸びていくでしょう。それが適切でなければ、伸びるものも伸びなくなるわけです。その子を捉えていれば、この子にはこれを、あの子にはあれを、という考えが自然に出てきます。材料が多くなるということは、そういう必然性があるのであって、数がたくさんあるのが単元学習ということにはならないのです。

観点を、ただ数を多くというところに置くのではなく、あの子のために、この子のためにと考えると、ついつい増えてくるのです。同じ材料でも、学習の方法を違えて、別の材料のように使えますから、数の多さというのは気にしないで、どの子も適切な材料と方法とを持ったかどうかということが、大事なのです。実際に、全クラス同じ材料で、さまざまに使ったこともあります。

興味を持たせる

「あきたこまち物語」のような本に出会えますと、単元学習がしやすくなります。子どもの興味から出発する、関心のあることから出発する。それはもちろんそうですが、何がおもしろいのかと、そういう聞き方では、ほんとうにその子の真実は捉えにくいものです。「何が好き？」「何がやりたい？」と聞けば、適当なことを言ったりします。子どもはそういうことを聞かれることが嫌いですし、たいていほんとうは何が好きか、自分でも分からないものです。「あなたの長所はどういうところ？」などと聞いても、言えないでしょう。自分の長所がちゃんと分かるような人なら、もう子どもではありません。大変なおとなです。ですから、そういうことを聞いても役立てられません。

子どもと一緒にいる教師なら、子どもがどんなことを話しているかとか、そういうことからみなさんはお察しになるかと思いますが、それも限度があります。そういう捉え方はだれもが長くやってきたことですけれども、しかし、その他にこういうことに興味を持つべきだということ、持たせたいということが、教師の方にはっきりしていないと指導ができません。子どもの興味を大切にしない教師は、もちろんいないと思います。こういうものに興味を持つべきなんだ、考えるべきなんだということを、押しつけないことはもちろんですが、何も指導しないということではないと思います。適当なヒントを適切に出して、方向をつけていかなければ、何も教えていない、指導していないことになります。ほんとうは教師が与えているのに、子どもからみると、まるで自分が発見したような感じであるようにしたいのです。自分のやりたいことが、ちょうど教師のさせたいことであったという調子になるわけです。押しつけられたとか、教師が言うからとかの感じでないようにリードしていくことを、嫌いな言葉ですが、「導入」と言っています。

教科書でも、そういうふうにして興味を持たせれば、もちろん自分が発見したのと同じ感じになりますが、それにはそういう観点で教師自身が、こういうものを読ませたいとか、こういう向きのものがいるのだとか、そういうものをしっかり持っていて、豊かに提供できなければなりません。

いつも単元を考えている教師でしたら、今、秋田県でしたら「あきたこまち物語」というのが、かならず手に取らなければならない本だという気がします。これは、私はすでに学校をやめているので残念ですが、学校にいれば東京に住む私のやる単元のなかにも入ってきたでしょう。そういうふうに、他の地方の人でももちろんいいですけれども、秋田県で「あきたこまち物語」が見逃されているとしたら、ほんとうに残念なことだと思います。本屋さんに入っているいろいろな本を手に取って、こういう本をさっと発見できるようになると、単元がやりやすい、見つかりやすいと思われるのではないでしょうか。

実際に、単元でやってみたいと思っても、なかなかいい材料がない、とおっしゃる方がとても多いのです。ほんとうに材料というのは大変です。これは小学校一年生から中学校三年生までと申しましたが、扱いによってはそれぐらい変化に富んでいるのです。これを基にして書き直すと、何年生向きの教材にもなります。要点をとるにしても、題をまとめるにしても、形を学ぶにしても、格好なのです。ですから私は、今日秋田に来て「あきたこまち」の話をしようなどと、ぜんぜん考えていませんでしたけれども、秋田県ということだけでなく、これを見て、とても勉強したことをお話ししたくなりました。この教材はちょっとした見出しのところに小さな紹介の文章が載っていますが、それなどはほんとうに頼りになります。

基礎学力を作る

いろいろな基礎学力と言われるもの、それを養うことが大事なことは、小中学校では賛成するもしないもないことでしょう。そういう基礎学力を練ることが、私たちの責任でもあり、誇りでもあるのではないかと思います。そのいろいろな目標を達成しようとすると、私は単元学習にならざるを得ないと思うのです。

たとえば、物を読んだ、そして要点が分かる。それができないと、国語の力がないと言われるのではないでしょうか。話を聞き、文章を読んで、要点をつかむ力がなかったら、言語生活の一角は崩れているという気がします。要点はつかめなければならない。それから、大層現実的で例にとり上げるのは嫌いですけれども、試験を受けるにしても、読む時に要点をつかむという力がなかったら、かならずある程度の失敗が出てくるでしょう。こんな力はほんとうに養っておかなければならない力だと思います。

その力をつけようとして、文章を読んで要点を書く練習をする、そういうやり方でうまく力がついていけば、それでいいのですけれども、つかないので心配しているわけです。どうしても目標というものがいるのです。ひとつの目標があって、そのことについてこの文章から要点をと言えば、子どもは、かなり一所懸命になります。その目標が決められないときに、つまり生活的な目的がないときに、ただ勉強のため、試験のために力をつけなければいけないということでは、生きた力は養えないと思います。その文章の要点は何かということは分かりますが、生活のなかに生きて働く要点をとらえる力そのものを養うことはできないでしょう。

いわゆる優等生ですと、どんなやり方、どんなことでもやりますし、できますから、そんな子どもにだけ目を向けていては困るのです。先生の言われることはどんなことでもするものというような、素朴な気持ちの子どももいますけれども、といって、安心はしていられません。心の底までそう思っているのかどうか、そういうものだと思っているだけではないでしょうか。先生のおっしゃることは、やるものだというふうに。ですから、やはり人間が優れてきたわけでも、自主性が育ったのでもなければ、自立性があるわけでもありません。そんなやり方で、子どもが嫌がらないということで安心していては、自主性というものをどう教えているのか疑われます。自主的で創造的にと言いながら、その反対のことを仕向けているようになります。

目標・目的をもって

単元にははっきりした目標をもって向かう、それがなければ、より優れた力を作ることはできないと思います。そしてそれを基に何かもっと考えたいとか、うれしいにつけ、悲しいにつけ、寂しくて自分を慰めたいにつけ、気が勇むにつけ、ことばの生活の中に本を読むことを結びつけていくというのが、読書指導です。自分が何かあるときに、本を思い出して、書物の方に心が向くのが、読書生活の始まりです。本好きというのは、そういうことでしょう。何かあるときに本が頭に浮かんで、そこに求めていく、そういう態度が読書人の基だと思います。

この間、朗読の勉強会で、その教材に、外山滋比古さんの文章がありました。そのなかに日本人は、何か事があったときに、人と話し合って勉強しよう解決しようという考えがないと書いてありました。外国では昔は、話し合うことが最初の学問であって、書いたりすることは、その後のことで、何かあればまず話し合った、話しことばが基盤であった、ということを主張しようとしている文章なのです。日本ではそうでなくて、この思想を深めるためには、だれさんと話し合ってみようと言って、だれかをたずねる人はいないと書いてありました。

日本には、話し合って学問を深めようとか、話し合って思想を深めようとする人はいないということが、私はたいへんショックでした。だから、日本では本に書いてないこと、活字になっていないことは学問にならない。耳学問というのがあるが、耳学問というのは軽蔑のことばになっている、というのです。「なるほどなあ、耳学問っていうなあ」と、私は感心しました。確かに話しことばで思想を深めようというのは、少ないかもしれません。

その代わりに、勉強は本を読むことだったのです。戦前まではずっと、声を出して本を読むのが勉強の大事なことになっていました。子どものおさらいといったら、家に帰ってきて、わんわんわんわんわんと教科書を読みあげる。そうすると勉強したことになるし、まわりの人も「勉強してるなあ」と思ったのです。そういう状態とは違いますけれども、ほんとうの読書人というのは、「さあ」という時になると、まず本が頭に浮かんで、本と付き合いながら、その時の考えていることを確かめたり深めたりします。勉強する、考えるといえば、まず本を読むことに続くのが、普通の筋です。

何かというと「本」が頭に浮かんで、その本をどう読むかということになります。国語科を担当する私たちが非常に大切にしている、これなしには国語教育はないといわれてもしかたがないと思うような、「要点をとる力」というのがあります。ただ読んで要点を取らせていれば、「なす事によって学ぶ」のだから、力がつくという考えですが、そうはいかないのです。求めるもの、目標もなしに、ただ要点を取ることをしたのでは、いくら「なす事」によって学んでも、役に立つ力にならないのではないかと思います。

今、要点の取らせ方という工夫比べがたくさんあって、どういうところまで書いたらこういうふうにするとか、中心語句を探して、それをカードにとって並べてみるとか、いろいろな新工夫があります。けれども、何のために、ということが出ていませんから、ほんとうに、ただ要点を取るために要点を取るというふうになっています。要点を取るということの必要もなく目的もないので、骨を折ってカードをとったりいろいろなことをしても、役に立つ要点を取れる人になってこない気がします。どうしてそのことをするのか、という目的なしということが、一所懸命にもさせないし、方法を工夫させたり発見させたり自得させたりすることができないことになり、個人差に応じての工夫もむずかしくなりましょう。

目的を持った学習活動を仕組む、それは単元学習の世界です。学習が言語生活のなかに、位置づけられています。単元学習には、目的なしに、何か読むでも書くでもすることはありません。ですから、単元学習の行き方というのは、ただおもしろくというのではなくて、確実な基礎学力を養うものなのです。単元学習では試験に役立つ力がつかないなどという俗説があります。単元学習をやり損なった場合のことでしょう。何だってやり損なえば、目的を達成しないでしょう。大きな誤解です。単元学習には、要点を取る力を練るチャンスなどは満ち満ちています。

筆まめになるように

話を、文章を書くことに移しますと、まず筆まめということがあります。筆まめと言うのは基礎の基礎です。文章の構成など、ずいぶん骨を折って工夫して教えても、筆まめになっていないと、あまり生活の中に幸福をもたらさないでしょう。文章のうまい人など世の中にめったにいませんので、みんながうまくないといけないというと絶望してしまいます。

ですが、上手かどうか分かりませんが、筆まめということが、もし中学の卒業までに身についていたら、大いに感謝してもらわなければならないと思っています。筆まめであればなんとかなるという気がしますが、この筆まめが一番教えにくいのです。

ものを書く大切さを話すことはできますし、書くことについて考えさせることはできます。いろいろ話して、「分かりましたか、では、やってごらんなさい」というのは、よくある進め方ですが、これは教師らしくないと思います。何とかそうなってほしいことがあったら、ほんとうにそうなる力がついて、初めて教師の責任を果たしたことになるのです。忘れていけないことは忘れないように教えないと教えたことになりません。忘れてはいけないことを忘れてしまった、それは子どもではなくて教師の責任でしょう。私はそういう気持ちでいるのですが、そういう気持ちになってきますと、筆まめというのは、言うのはとても楽ですけれど、筆まめにしなければ責任を果たしていないことになれば、これは一大事です。

その工夫のひとつが学習記録でした。毎日の学習生活を書いていくことは、書く材料がなくならないという面で、とてもいいのです。今日やったことを今日書くわけですから。書くことがないというのに、どうやって書く練習ができるでしょうか。まして書くことの習慣をつけることは、無理なことです。いい題材がたくさんみんなにいつもあるわけではありません。とすれば、私は学習生活なんか、生活文の最たるものだと思います。学習生活にはいろいろなことがあります。似たようなことですけれど、とにかく事実があります。それを書くのが、私の大切にしてきた学習記録です。単なる学習ノートではありません。ただ、黒板に書かれたことを書いたり、感想を書いたりするのではありません。学習の結果や要点を書いておくものでもありません。それらを含んだ、学習と学習生活の記録です。

学習の中身が、いっせいに出されている問題集的な手びきによる、単なる問答のやりとりというやり方ですと、同じ形態になってくるので、子どもには書くことがつまらなくなるのではないでしょうか。こういうふうに聞いてこう答えたらよかったとか、だれさんがよかったとか、そんなことを書くのだったら、記録がつまらないでしょう。単元学習は変化に富んでおりますので、学習生活を書く素材としては大層役に立つわけです。単元学習というのには、そういうよさもあります。学習内容はいろいろですけれども、自分と自分のクラスの学習生活の様子、それが書き残されていくものと考えてよいでしょう。そうすると書く材料が決してなくなりません。学校に来ている以上は、あまり苦にしないで、ふと気がついたら、もう書いてあった。こうなれば、もう筆まめな人と言ってもいい、書くことの生活の一番の基盤を置いたという気がします。

書くために必要な力

筆まめで、何か必要なときに、お手あげという気持ちにならず、楽しいとまでいかなくても、あまり苦に思わずに、普通に分かるように書き表わす力があればよい。それを基礎というのです。

簡単に言えば、述べるということですが、今、目の前に見ていることを、ここに文字として書けるということは、ひとつの能力です。下手でも上手でもいいけれど、もし、見ているものが文字で表わせない、筋がとおらない、単語を並べることしかできないことになると、これは困ります。

それから、今見ていないものを思い出して書くことができないと、たとえば、自分の家の前はどんなふうになっているかを、今、学級にいて書くのですが、そのどんなふうになっているかを何も覚えていない、思い出して文字で表わす能力がないと、書くという一番大事な力がないことになってしまいます。人物であろうと、事物であろうと、景色であろうと、一遍、頭にあったものを思い出して書く。そういう思い出して書く能力が、述べることの中にはあります。今、目に見えているものの外に、心に見えているものを文字を使って表わす、そういうこともあると思います。

それから、筋道を立てて何か説明することも、述べるときに大事です。

文章が書けるためには、どういう力があればいいのか。学者の方が分析したもののほかに、今のように私たちが素朴に考えるとよいと思います。ひとつのことを述べるときに目に見えるものが書けなければだめ。思い出して書けなければだめ。みんな忘れてしまったらだめ。説明できなければだめ。こういうふうなことを、いろいろ考えていきます。

そして、見たものが書けるという力がどうしてもいるんだと思ったら、それに対して練習をすればいいのです。何かあったときに、みんなでそれをことばで、文字を使って書いてみる。そういうとき、決してだれの方が上手に書けた、とか言わないようにしたいものです。そういう上手下手というのは、この世の中をどのくらい幸福にしたり、人を喜ばせられるかという価値のようなもので決まっていくことですから、本人の素朴な書く力のあるなしを判定するものではないと思います。そのような観点でなくて、見たものを、花でもなんでもいいですから、見えている通りに、とにかく、それを文字を使って表わしてみる。そういう普通の練習を、私はずいぶんやらせました。人のことでも、友達のことでも、なんでもいいのです。目に見えていること、それを自分の持っているありったけのことばを使って書く。文字にする。目に見えるものとして、ここに生産する。思い出したことも、文字にしてみる。

ここにひとつのいい文章があるとします。その述べ方が優れている。これができるためには、どういうことができたらいいだろうか。事柄・内容がなければだめ。事柄・内容はある。それをどういうふうに述べるか。そうすると、今のように見えているものが書けて、覚えていることが書けて、という能力が浮かんできます。それでは見えるものが書けるためには、どうすればいいか。というように、できたらいいことを順々に考えて、それをさせていくと、基礎ができると思います。

教師の工夫

このことをこうさせたい、分からせたい、覚えさせたい、何をしたらそのことができるだろうかと考える、それが教師の工夫の始まりです。

「声が小さい、大きな声で」それを言ったら、大きくなるというものではありません。どうしても大きい声にしたい。クラスのみんなに聞こえるぐらいの声を出させないと、一人前ではないから、出させたいけれど、「小さな声で聞こえません、と言われないようにしなさい」とか、多少言い方を工夫しても、しっかりした声を出すという基礎は、できないでしょう。どうしたら、ちゃんと声がでるようになるだろうと考えます。

まず内容に自信があるようにしなければだめだろうと思います。言うことの内容が語るに足るといった気持ちがなければ、声はなかなか出ません。それから、息の使い方がたいてい弱い。息をしっかり吸って、ものを言うことを指導してないからでしょう。

私の「クリちゃん」を使った単元は、みなさんに漫画の扱い方と思われていて残念ですが、あれは私の『大村はま国語教室』（全16巻）の中では、「聞く話す」の巻にあるように、「聞くこと話すこと」が目標に掲げてあります。声が小さいので、もっと明快に話せるようにするための単元だったのです。

声の小さいことに私も困っていました。それでまず考えたことは、どういうことなら大きな声で話せるかということです。まず、自信があること、心からそうだと思っていない、あやふやなことを話すのに、大きな声の出るわけがありません。ですから、はっきりした考え、自信のあること、それから、楽しいこと、おもしろいことは、やはり声が出やすいでしょう。悲しいときには、心が沈んで、つい声が低くなっていくでしょう。

クリちゃんは文字のない、本格的な、すばらしい作品だと思います。四冊にまとめたものを使いました。めいめい、一冊ずつ持ちました。その中から、それぞれ、これはおもしろいと思うのを選びます。そして、ことばをつけます。そして、私に教えてくれます。

「先生、面白いのを見つけました」と呼びかけてきます。そのあとの話の運び方は、台本のような手びきを作りました。そういうものを、いつも作るというのではありませんが、この場合は、目的が声を大きくすることにあって、なんと言ったらいいかを考えさせよう、勉強させようとしていないからです。声を大きくする、それが目標ですから、他のことにあまり心をさかれないように考えていました。それに、どう言ったらいいか分からないときは、どうしても声が小さくなります。それが自然です。ですから、どう言ったらいいか、どんなことばで言ったらいいか、そういうことをプリントにしたのです。

さて、呼びかけられましたら、私は明るく受けて「どれですか」というようなことを言いながら、教室の、その子どもから、いちばん遠いところへ移動します。ずっと端っこまで。すぐ前にいる人に大きな声で話すことは、無理、不自然ですから。遠くへいって、聞こうとする、期待する気持ちを表わす姿勢をしっかりとります。体のことばです。どんな場面か、話してくれます。もし、ちょっと聞こえないときは、目立たない態度で気づかせるようにします。四コマ漫画ですから、第一場面は、第二場面は、と場面を紹介し、「わたしは、こんなことばをつけました」と自分の考えたことばを発表します。「大きな声で」とか、「みんなに聞こえなくては、みんなおもしろくない、たのしくない」とか、そういうことをいうのは、まったくつまらないことです。そんなことはなんのためにも、だれのためにもならないと思います。かえって教室を暗くします。いよいよ小さな声にしてしまいます。

基礎学力というのは、現場の私たちがこんなふうにさせたい、それはどうしたらできるだろうか、と考える小さな工夫によって養われるようです。要求をそのまま口で言うのが一番だめです。こうしなさいとは言わない、言わないけれども、そうさせなくては、教師としては指導していないことで、教師は何しているのかということになってしまいます。そこにいろいろな工夫が生まれてくると思います。

基礎というのは、そういうふうに、このことはどうすればできるか、それができるためにはどうすればいいか、自分でだんだん問い直していくのです。そうすると、こういうことをやっておけば、これができるようになると分かってきます。能力分析というのは非常に大変だと思いますけれど、学者に任せておいて、それができたとしても、私たち現場の人間にはそれとは別の基礎の捉え方があると思います。ですから、どこまでもこのことができるためには、と問い直していくのです。そうすると、だんだんこうやればいいのではないかという、学問の世界とはまた一味違った、しかし確実な実践につながる方法が生まれてくるように思います。

基礎というのは問い直し問い直し、自分の心のなかを掘り下げていって考えたものが、実際の教室で役立つものになると思います。学問的な分析を参考にすることは大事ですけれども、それに頼り過ぎて、しっかり問いつめない間に、こうすれば、ああすれば、という方法に追い捲られてしまって、かえって子どもを苦しませることになるかもしれません。そして、教師らしくないことば、「なさい」です。そういう安易なことばに乗って、みんな「こうこうしなさい」と言ってしまっているのかもしれません。

家でひとりでに勉強してしまうようなおもしろいこともないのに、「家に帰ったらよく復習しておいて」と言われても、子どもは元気が出ません。ほんとうに学校でおもしろかったことがあれば、ついつい帰ってから、記録なり、本なりを、開けてみるのではないでしょうか。そして、ちょっと読んでみたりするのではないでしょうか。「復習しなさい」はまずいので、どうしても復習しなければいられないようにしようと考えていくと、現場の教師らしい知恵が出てきて、そういう時に、新しい工夫が生まれてくるのではないかと私は思います。

漢字を覚える

このあいだ新聞に、子どもたちを国語嫌いにしているのは、漢字書取りと読書感想文である、と書いている評論家がありました。おかしくなって笑ってしまいましたけれど、そうかもしれないと思います。私たちの子どものとき、そのもっと前から、漢字を覚えるには、何遍も書くこととなっていて、それが嫌で国語が嫌いになったという子もいました。しかし、みなさんお気づきのように、何遍も漢字を書くということが、そんなにまで覚えることに役立つという根拠はないのです。

これからワープロの時代になってきます。そうすると漢字の勉強の仕方が違ってきて、今までのように書いて覚えなければいけない、書いてこそ覚えられるというのは、だんだんなくなってくるのではないでしょうか。

私は、漢字は何遍も書いて覚えるというのは一種の迷信のようなものではないかと思っていました。しっかり見ることができる子どもが一番よく覚えます。

いい催しとは思っていませんけれど、漢字テストのコンクールのようなものがありました。その時に一番になった男の子に、小学校五年生ぐらいでしたか、新聞社がインタビューした記事が出たことがあります。その子はぜんぜん書いたりしないのです。ただ毎日、新聞を丁寧に読んだというのです。それによって字が頭にすっかり入っていたのか、優勝になったそうです。そのお父さんも言っていましたが、書取りをするとか、字を覚えようとか努力することはなかったといいます。ただ新聞を細かに読んでいた、それだけです、と言っていました。

漢字は、たびたび目にふれることから覚えますから、本に親しんでいる子どもは字をよく覚えます。漢字を覚えるために、べた書きが今でも多いようです。そういうのは習慣的にやっているので、教師もあまり自信ないのではないか、これが一番いいと本気で思っていないかもしれないと思います。けれども、書取りは何遍も何遍も書くものと思い込んでいて、伝説のように伝わってきて、間違いなく覚えられるとなったのでしょう。

しかし、コンクールに入賞した子がそうだったからというのではないのですが、やはり見て覚える方がほんとうではないかと思います。ある学者の説では、筋肉を使って書くことによって、いろいろなことが覚えられるのは確かなことのようです。しかし、それは三分の一ぐらいの人だそうで、あとの三分の二というのは、書くことが覚えることの役には立たないという話でした。そういうことも調べたりして、自信のないこと、教師自身が信じているわけではない、ただ習慣的にしていることを考え直すことが、まずこれからの教師のやるべきことではないでしょうか。

これには長い日本の歴史があって、たくさんの優秀な子どもも育ったとか、計算だけとは言いながら、世界で一番算数の成績がよかったとか、いろいろなことがあって、教育の効果を評価するわけですが、ほんとうにそれでいいのかどうか。やることになっているからやるというのは、教師の誇りに反すると思います。そのような生き方、頭の働かせ方というのは軽蔑されています。危ないことでもやってみるというようなこと、今まで散々やって望ましい成績を上げていないことについては、かなり大胆に、こうすればどうかということをやってみることがいいだろうと、私は思います。

今ここで、漢字をどうやって教えたかというのはお話ししませんけれども、私はべた書きだけはさせないで、いろんな方法で絶対忘れられないように教えようと思って、いろいろなことをしてきました。ただ子どもには「べた書きすると効果のある人が三分の一はあるのだから、我こそはと思う人は書いたらどう」と言っていました。ですから、書いた子どももいます。書くの大好きだと言って、学習記録にびっしり書いている子どももいました。「ああ、そうか」と思っただけで、ほめもせず、けなしもせずでした。

私はこんなに世の中が進んできて、ワープロ時代を考えようとなってきても、べた書きだけが相当な権力で子どもたちを悩ましているのが、何か驚きのような気がします。教師たちというのは新しいことを考え出さなければいけないはずなのに、新しいことを生み出すエネルギーを持たなければいけないのに、実際には今までやってきた方法に安心してのっかり過ぎているという話を聞いたりすると、そうだと思います。

「主題は何か」と今でも聞く人がいるというのです。それから、「ここはどんな気持ちですか」「この気持ちの移り変わりを言ってごらんなさい」などというのが、今でもかなりやられているというわけです。そして、そんなことをいつも聞かれて、子どもがその作品を嫌いになってきてしまうようです。学校で習うと、たいていの作品がつまらなくなるという、うれしくない言い方もよくされます。新しすぎるぐらい冒険をして教室に向かわなければならないと思います。

人を育てるもの

この間、昭和二十七年ごろ教えていた紅葉川中学校、東京の下町の学校ですが、そのときの人たちが集まって学年会をしました。久しぶりの久しぶりでした。みんな五十三ぐらいになっています。それが問わず語りですけれども、「先生と一緒に勉強したときのことで、何が役立っていると思う」という話をしていました。一番役に立っているのは、学習記録ではないか。記録の中身よりも、それをまとめることを大切にしたことで、今でも調べたりまとめたりすることが、実にスムーズにさっさと気軽にできることが、人にびっくりされる、ありがたい、と話しあっていました。別に私から何が役に立ったかと聞いたわけではありません。みんながそういうことを言うのを聞きながら、そうかな、そんなことを聞くのは今回が初めてではなく、今までも何回かそういう話を聞いたことがあるな、と思いました。

昭和二十年代は、単元学習が海のものとも山のものとも分からないときで、まだ能力表もありませんでしたから、非常に危険といいましょうか、どんな力がつくのか、つかないのか、はっきり分からないまま進めていました。ほんとうに当てずっぽうのように、子どもの興奮にひきずられて、教師も一緒に喜んでやっていると言われても、しかたがないような時代のことです。私も若かったこともあって、実に大胆な単元を思い切ってやっていました。自分は別に大胆とも、思い切ってとも思っていなくて、ただ夢中でした。戦後まもないころのことです。

いろいろな先生のおっしゃることが頭に入ってきて、混乱ぎみでしたが、それでもしかし、何か切り開こうとした精神は、教科書を読ませて、手びきをやらせて、答え合わせをして、「間違った字をよく復習しておきなさい」などと、楽に伝統にのってやっていた教室とは違ったものが残りました。

伝統派の人たちが言うには、能力表もないのに、自分で計画を立てたりするのは、どういうものか、ということで、せっかく戦後めいめいの教師が、自分が担当する子どもに合うようにカリキュラムを作ることになったのに、「自分には分からないから作ってください」と文部省に言っていく人が多かったということです。

教材は自分で作るのが本当で、それこそが適切な教材であるはずです。教師は教材を作るところからが教師である、というのがGHQからの指導でした。それなのに日本では「教科書を作ってください」というのが大勢でした。それでとうとうカリキュラムも自分で作らないことになりましたし、教材を作るなんてとんでもない、教科書をいただいたその通りにやると言って、すっかり戦前型に戻ってしまいました。

そんな中ですから、単元学習など、あんな危険なことをやっていると、入学試験におっこっちゃう、などということが言われてつらい思いをしました。おやおやと思ったり、心配したり、ほんとうにそうかもしれない、だめかもしれない、おっこっちゃったらどうしようかと、心配もしました。

でも、今考えてみると、あのとき安全だからと言って、ねだって作ってもらったカリキュラムにのって、ねだって作ってもらった教科書を大事にして端から端までやっていく教室から育った人と、危険だけれども、教師が心配しながらも一番よいと思うことをやっていく教室から育った人とは、どう違っていったのでしょう。私にはこれでいいんだという自信はありません。ほんとうに心配でした。これでやっていいのか、大丈夫なのかといつも思っていました。謙虚に子どもをじっと見つめながら、心配で一杯になりながら、いいと思うことをなんとかやっているという、そんな状態でした。そこから育っておとなになり、熟年といえる人の成長過程は、もちろん、あの時代に私がどういう考え方をしたからなどということではなく、本人の力が絶大ですし、それから世の中の人に育てられたとは分かりますけれども、当時の子どもたち自身が今、自分たちには一種違った何かがあるというのです。

私がそういう心配だった話をしますと、確かに今は人生の経験者、五十幾つになっていますから、危なかったかも知れないけれど、安全な道を安穏に歩きながら育てられるのと、冒険しながら謙虚に一所懸命になって、できるだけのことを尽くして育てられるのと、人生においてどっちが本当だったろうか。どっちが人を育てるだろうかなどの話になることがあるのです。

私もあのとき、今とは違ったいろいろな激しい非難などもあったのですが、そんな中で従来の方向に安穏と浸らなかったことは、あるひとつのものを育てたな、という気がいたします。乱暴はいけないけれども、子どもをどうするかということを教師らしい目でしっかり見つめて、方法を考えたり、切り開いたりすること、そして、それはすべて未知のことですから、かならず冒険になると思いますが、ぜんぜん誤りのない安穏な世界よりも、多少の失敗を含む方が、人を育てるのではないか。ことに、ことばを育てるのではないかと思います。本気で語りたいことがたくさん語られて、そういうときにことばの成長というものがあるのでしょう。西尾実先生がおっしゃる通り、真実のことばの語られない教室、どこからか借りたようなことばを使ったり、思ってもいないことを口にのせたり、そういうことばがある教室というのは、国語教室ではないのです。

そのことからいうと、単元学習に挑んだころは、今よりもっと心配でしたが、実にたくさんのことばが子どもからも自分からも出ていたと思います。そういう意味で、あのころはでたらめに近いほど混乱していた時代だったのですが、教師のことばも、子どものことばも伸びたのだろうという気がします。切実になったとき、言いたいことが胸一杯にあって、しかしつまってなかなか言えないとき、そういうときにことばというものは伸びるのではないでしょうか。そのことばを探すのに夢中になる、なり方というのが、たいへんだったと思います。何とか言おうと思って、全力をあげてことばを探す。そういうときにことばの神経がよく磨かれると思うのです。ただ、問いに対して答える、合っている合っていないという単純な世界にいますと、切実なことばが必要とされません。安全なことばが出てきますし、ことに教師の方は全く安全な自分の持ち合わせの力で、ちゃんと間に合います。ですから、苦労して苦悩してことばを探すということがなくなるわけです。そういうことが国語教室を眠らせる気がします。

子どもを尊重する

よく発問の研究などがありますけれども、聞く内容が平凡ではどういうふうに聞いても同じだという気がいたします。子どもの問いに対する基礎的な力をつけるのは、教師の分かっていることは聞かないことだと思っていました。教師自身が答えをもっていることを、授業の進行上、子どもに聞いたりする。それは相手を一人前に扱わない失礼なことだと思います。自分の知っていることを知らないような顔をして聞くのは、普通の人にはやらないことです。子どもだからいいというものではない。子どもを尊重するとは、そういうことだと思います。子どもをおとなと同じように大事にする気持ちになれば、自分のちゃんと知っていることを知らない顔をして聞くような、空々しいことはできないはずです。そして、そのようなことばのやりとりでなく、ほんとうに真剣に尋ね、答える場は、単元学習でないと、なかなか得られないと思います。

単元を展開していくと、そういう場面がよくあります。私が知らないことを、子どもが話してくれることがたくさんあります。教科書の手びきのように、答えがちゃんと分かっているというのではありませんから、教師も一所懸命聞かなければ、何を聞かれたのか分かりませんし、子どもも一所懸命言わなければ、ちゃんとした答えを得られません。ですから、両方が知っていることを聞くというようなことはお互いにしないで、ほんとうに求めて聞き、求めて尋ねるというふうになります。そういうときに真実のことばが育っていくのです。こういう経験を持たないと、言語感覚が育たないし、ことばの真実に打たれることもない。そういう人がすぐれた言語生活者になるとは、ちょっと思われません。

型通りの方法に頼っていると、知らない間にことばの生命を失ってしまうのではないか。是非言いたいことがないのに、一所懸命ものを言うということは、それはできないことで、おかしいことです。どうしても言いたいこと、分かってほしいこと、知らせたいことがあるようにしないで、よい話し方を身につけさせるということはありえないと思います。上手に書くことも同様ですけれども、ことに話す場合、ほんとうに空々しい答え方というのでしょうか、分かり切っていることを分かり切った調子で得々と言ったりするのは、避けなければなりません。そんな話を、片方でうつろな顔をして聞いていたりするのを見ると、ほんとうにそこが人を育てる場所なのか、何なのかという気がしてたまりません。国語教室では、そういうふうに自分の知らないことしか聞かないことが、私の信条でしたけれども、それはかなり大変なことでした。そのためにも単元学習だと思っています。そういうことは単元学習でなければ、とてもできません。

作品をよく知っていて、自分の知っている答えを胸に持っているのに、人に聞いたりする。それが練習なのだと言われるかもしれませんが、練習以外の何物でもありません。いつも練習だけしていたのでは、本番を乗り切ることはできないでしょう。「です」「ます」をつけて言うとかの練習などで、ことばだけを練習することもあるでしょうが、それでも「今日はこういう練習をします」と言って始めるのではありません。子どもの何か興味ある問題を取り入れて、話していかなければならないと思います。

国語の嫌いな子が多いと聞きます。多分その教室では、できあがった場面が多くて、お互いに冒険しないのでしょう。子どもも、それほど切実ではなくて、教師の方はますます切実でなくて、結論が決まっていることを言ってみたり、やってみたりする。沈んだ気持ちというのでしょうか、張り合いのない気持ちが、ことばの命を失わせてしまって、ほんとうにことばを使ってお互いに言ったり聞いたりしようという、また、そうしたいという場面が減ってきたのではないかと思います。

研究会の功罪

この間、ある地方に行ったのですけれども、その日の研究授業は、隣の組で、すでにその指導案が試してあったのです。ですから、そつはなかったかもしれませんが、いきいきとした、その日の生命がないという始末になっていました。

それは最悪の、見せるための仕事になっていて、すでに教育の現場ではなくなっていました。このことをこういうふうにすればこうなりますというモデルを見せて、集まっている方々に考えてもらうのが目的になっており、教室がいきいきとしていないのは当然で、ほんとうの教育が行なわれているかどうか、そんなことを考える会ではなくなっている、と私は思いました。

研究会はおとなのため、教師のためのものですから、どんな時でも、どうやっても、子どもは多少の犠牲になるのであって、研究会によって子どもがほんとうによくなることなどは望めません。よく参観者があるので、子どもたちがいつもよりよく勉強し、むだなおしゃべりもなく、はきはきしていてよかった、という方がありますが、これは、今、お話ししていることとは、別の世界です。でも、おとなの成長のためにはしかたないでしょう、一年に一遍ぐらいは。しかしそのためであっても、空々しく思われ、こんな授業をして、その後、どうやってこのクラスを収拾して、やっていけるのかと思いました。

子どもは見せるために暗唱していた答えを褒められたりしたのですけれども、ああいうことを褒めていいのか。また、いい思い出になりましたとか言わせる、そういうことはほんとうに悲しいことだと思いました。研究会の功罪を考えたりしました。本来は功罪などと言ってはいけなくて、功だけにしなくてはいけないのです。

よくやりたい、うまくやりたいと思う気持ちのために、それはひとつの見栄ですけれども、ことばの真実がなくなってしまうことは恐れなければならないことです。真実のことばが飛び交わない、生きたことばが取り交わされないのは、ことばの教室の基礎の基礎がないことです。スムーズによくいったとしても、一番大事なものがなくなっていくのではありませんか。単なる研究家なら仕方がないでしょうけれども、私たちは現場の教師ですので、私たちが生きたことばを守らなければと思います。国語教室だけは真実のことばが飛び交うようにと思います。

読書指導と読書生活指導の違い

読書指導は読書生活指導の一部である、と広く一般に考えられるようになったのは、昭和四十年代でした。昭和四十年代というころは、研究会はどこでも読書指導で夢中でした。そして、よい本の紹介と読書感想文の指導から離れた年です。

読書指導というのは、よい本の紹介と読書感想文ではないのだと分かって、では、どんなことだ、と言って勉強したのが、四十年代だったと思います。夏なんかでも、研究会というと、テーマは軒並み読書指導でした。読書指導と言いながら、読書生活指導と思っていた人と、読書指導というのは読書による生活指導と思っていた人と、いろいろありました。読書によって生活の指導をするのでも、ためになる本を読ませて人間をつくるのでも、それはそれで一冊の本を使っての指導ですけれど、国語教育のなかの読書生活指導ではなかったことになります。

読書生活指導は、単なる読書指導と言われるものの中ではやれないものがあって、それで読書生活指導ということばになったのだと思います。読書指導と読書生活指導と、どちらがいいか、と言っているのではなく、読書生活指導のなかの読解を中心とするところに読書指導は含まれているわけです。そのことが、はっきり考えられていないのではないでしょうか。読書生活指導というのは、「読書生活」の指導ですので、ただ本を読むということだけではありません。必要な本を探すとか、本を探すにはどうしたらいいのか。現実的にどこの本屋さんにどうすれば何が得られるのか。ひとつのテーマがあったときに、その分野における本の種類とか、本の探し方、選び方など、学ぶことがたくさんあります。それから、目的によって読み方の選び方があります。さあっと読みましょうか、精読しましょうか、飛ばし飛ばし読みましょうか、走り読みしましょうか、といったような読み方を選択すること。そして読書の技術のいろいろも、読書指導といわれた昔のものの中にはほとんどなかったのですが、読書生活指導には含まれています。目次や索引や注の活用ということもあります。読書ノート、記録もあります。読書会の持ち方もあります。

読書人とは、ほんとうの意味で「読書」を生活のなかで生かしていく人、今はやりのことばでは、「読書」のところに、「情報」ということばが入ってくるでしょうから、活字による情報を生かして生きていける人、必要な情報を活用していける人のことです。そういう人を育てるのが読書生活指導です。読書というのは、そういう読書生活という広いもの、生きていく現実社会の中での本の生かし方とか使い方とかを勉強していくことです。情報処理と言えば一番今日的です。そういう力のことを考えないで、今でも、教養のための読書に偏り、いい本を紹介するとか、よく読んで読書感想文を上手に書くとかが、読書指導の全部のように思われているところがあります。

感想文や紹介がいらないのではありませんが、読書生活のなかで、それは一部なのです。ですから、いい本を紹介して、感想文の世話をしていれば、読書指導をしていることになるなどという考えとは、とても違うと思います。

ですが、その指導が非常に難しいといいますか、教科書などには載っていませんから、結局、捨てられているのかもしれません。教材がない上に骨が折れることです。よい本を紹介して感想文を書かせるだけでしたら、ほんとうにやさしいことといえましょう。しかし、ほんとうに本を生かす、つまり、必要な本をちゃんと探して、自分が生きていくための大切な武器として活用することを身につけさせようとすると、非常にむずかしいと思います。むずかしいから、しぜんに避けることもありましょうし、何か気がついていても、力不足でやれないという場合もありましょう。そして、昔ながらの、読書といえば、ためになる本を丁寧に読むとか、感想を細かく書くという世界が依然としてあるのでしょう。

それに、映像も加わってきました。映像がたくさん入ってくるにつれて、映像と生かし合う活字の世界の発見があります。映像が加わってきて、新しく開ける活字の世界も見直したいものです。

読書感想文

これから夏休みになると、年中行事のように読書感想文というのが出てきます。読書感想文というものがどういうものか、その位置づけが確かめられないまま、たまに疑問を持つ人があっても、まあ、やってもいいのではないか、というようなことになってしまっていると思います。

もともと読書と感想文とは別個のものであって、癒着するのはおかしいわけです。読書すれば必ず感想文を書かないと、読んだ価値がないでしょうか。そんなことはありません。それから、感想文というのは読書についても書きますけれども、他のことについても書きます。本来、その方がずっと多いはずですから、読書をすることと、感想文を書くこととは、それぞれ別々の、大切な指導の領域です。それぞれが読むことの指導の一部と、書くことの指導の一部なのです。

読書をすることの指導を、読書生活の指導などと考えていないで、ただ、よい本をたくさん読ませる、正しく深く読ませて教養を高める、という範囲で考えていたころ、そういう指導をするには、子どもがその本をどのように読んでいるかをとらえて、その読み方について意見を述べて助言をするという方法が第一、と考えられていました。

そのために、読んだ本について、感想文を書かせて、それを材料にするのが、一番やりやすい方法でした。子どもたちどうし、話し合うという方法をとるにしても、感想文を読み合うことによるのが、やりやすい方法だったのです。というより、ほかに方法が思いつかないくらい、適切な方法でした。こうして、読書指導の側から、読書と感想文とは、離せないものになっていました。

一方、作文指導のなかの、大切な一分野に、感想を書くということがあります。生活全般、いろいろの面で、感想を書くことを学習するのですが、そうなりますと、書く材料が、たいそう広く、多種多様になるのが当然で、その感想について、その感想の書き方について指導すること、指導者が意見を述べたり、表現について助言したりすることが、非常にむずかしい。それぞれの感想のもとになっている生活や事実をほんとうにとらえることは、ほとんど不可能ですから。もし、本ならば、その感想の出てくるもとを容易にとらえることができます。ことに全員なりグループなり、同じ本を読んで書いている場合などは、たいへん指導しやすいわけです。こうして、作文指導として、感想文を書くことの指導として、本・読書は、離れられないものになっていきました。

このような事情でいつのまにか、読書と感想文は、ぴったりついてしまったのです。だれも感想文を書かない読書には価値がないなどと思っていないと思いますし、感想文は、本を読んで書くものだなどとも思っていないと思います。ですが、何となく読書感想文の位置が、重く定まってしまったのです。

しかし、本を読んだら感想を書くということは、みなさんでも、ほとんどの方がしていないのではないでしょうか。だからといって、その読書の価値が減るということはありません。岩波書店に「お父さんも感想文を書くの」というパンフレットがありました。これは子どもたちがみんな愉快がります。そうなのです。おとなはほとんど感想文を書きません。何かの目的がなければ、めったに書きません。その本を読んだだけというのは、価値がないのでしょうか。そんなことはないからです。

授業のやり方の問題から、いつの間にか、読書したら感想文、深く読めていれば深く書ける、感想文が書けないのは読み方が足りないからだということになってしまい、それが常識になって、今の読書感想文の位置ができたのでしょう。読書したら、かならず感想を書かなければ意味がないとか、読書指導には感想を書かせなければだめという考えは、ちょっと狭くて、そもそもの成り立ちを忘れた、それぞれの独立性を見失った考えではないかという気がします。

読書は、一般に言われるほど、子どもたちの嫌っていることではないと思いますが、感想文を書くのが嫌いな子は、じつにたくさんいます。

私にもおかしい思い出話があります。

ある年、大村文庫というのを教室の隅に作りました。そこへは子どもたちが好むと信じるもの、子どもが読みたいと思うにちがいないもの、私が読ませたいと思っているものが主ですけれども、三十冊ほど選んで、置きました。私は、本を選ぶことには多少の自信がありました。それは年の功ということがありますが、それまで、その日、私が子どもたちに紹介した本が図書室に残っているということがなかったからです。ですから、私は自信をもっていました。本の選択は大丈夫だと。紹介すれば、きっとだれかが借りるので、うれしかったのです。

その誇りをもって三十冊を選んで、借り方は、「私の個人の本だから、あまり面倒な借り方にはしない。ただ、どこにあるか分かる程度で、小さなカード一枚に書名と名前だけでいい。なるべく早く返すのだけれども、期限もいつとは決めない。常識判断で返すこと」と言ったのです。そしてだれが借りるかと思って見ていましたら、ちっとも借りにきません。明くる日になっても借り手がなくて、私は大変自信を喪失してしまい、どうしたのかなという気がしてきました。

三日目になって、私はついに我慢がし切れなくなりました。それで、非常に本の好きな、その子のためにと思って加えておいた一冊が置いてある子がおりました。その子はよくできる鋭い子なのですけれど、「この本読まない?」と、私は誘ってみました。自信喪失しているので元気が出なかったのです。しかしその子は「はい」と言った。

て、なかなか手を出しません。そして何か考えたとみえて、小さい声で、「先生、感想文なしで？」と聞きました。どうしてそんなことを言うんだろうと思い、「感想文？」と聞き返しましたら、その子はすぐに気づいて、部屋の隅に向かって、「○○、嘘つき！」と怒りました。いたずら好きの子がいたのです。そのいたずらっ子が「あの本を借りるとね、先生は、あの本がどのように読まれるか、知りたいんだって。だから、感想文は五枚以上出してもらうんだって」と言ったのだそうです。

感想文五枚、それを聞いてみんな手を引っ込めてしまったのです。その日、みんな駆けよって借りてくれて、私を笑わせたのですけれども。そういうものなのです。感想文とはこんなにも重荷なのか、そして、考えてみると、私も重荷です。おもしろい本があって、おもしろいと思って読んでいるときに、それについて書評を書いてもらえませんかなどと言われたら、「ちょっと見てただけですから」と言って逃げ出しそうです。

読書といえば、ためになる、修養、教養、高級な楽しみ、というイメージでしたから、感想文に結びつきやすかったのでもありましょう。

もっと楽な姿勢で、もっともっと読書の世界を広げていきたいものです。
これで私の話を終わります。長い時間、ありがとうございました。

あとがき

この本は、この数年間、あちらこちらでお話をしました中から選んで、その記録をもとに、まとめたものです。

ちなみに、一本目は一九九三年秋田県の本庄市教育講座で、二本目から四本目までは一九九一年から九三年にかけて、毎年、広島県の大下学園国語科教育研究会で、最後のものは一九九〇年秋田県の日本国語教育学会秋田県支部でお話ししたものを元にしています。

聞いてくださったのは小学校や中学校の先生がたが多かったのですが、高等学校や大学の先生がたや教師をめざす学生さんもありました。指導主事の先生や、時にはPTAのかたも見えていました。会も講演会であったり、研究発表会であったりいろいろでした。それで、話の調子がその会によって、少し違っていたりしています。それから一部、内容の重複しているところがありますが、話の都合で省かずそのままにしてあります。

まとめながら、それぞれの会場の雰囲気、熱心に聞いてくださった方々の姿が心に返ってきて、もう一度お話をしているような気がしました。そして、もっとつっこんでお話をしたくなったり、まだこのことも話したかったと思いついたりして、その日にもどったような懐かしさを感じました。そして、友を、同志を、求めている自分に気づきました。

「よい教室」というと、「よい」の意味がむずかしくなりましょうが、なんとなく惹かれるもののある教室を、力を合わせてつくりたいと思います。それなしには、いろいろな施策も子どもにとっては空しいものではないでしょうか。

話を聞いてくださったみなさん、この本を読んでくださるみなさん、力を合わせて、授業に魅力を、教室に魅力をと声をあげたいと思います。そのために、この本が少しでもお役に立ちましたら、うれしいことです。

教師の仕事の成果、ほんとうに、人を育てたものは、なかなか見えにくいものです。自分で見ることのできることは、ほとんどないでしょうし、本人の気がつくことは、いっそうないでしょう。ほんものであればあるほど、ほんとうにその人のものになっていて、気づかれないでしょう。教師の仕事はそういうものでしょう。

私は長生きしていたおかげで、教え子の成人した姿をたくさん見ることができました。調べたわけでもたずねたわけでもありません。何かの折りに、ふと耳に入ったのです。そのふと話したことが私をそんなにまで感激させたことに、話した人は驚いていました。私の感動が不思議そうでした。

しかし、私はこういう人を育てたかったと、ひとりで感激しておりました。

Aさん（主婦。清掃会社をご主人といっしょに、時にはご主人に代わって運営に当ってきた。七十三歳）

やっと少しひまができてきたので、少し大きな読書がしたいと思って、日本歴史を読み始めています。文庫本で、全二十四巻で、一冊五百ページあります。今六巻まできました。とても面白いけれど、読むはしから忘れてしまって。買いに行ったとき、本屋さんが、最初、漫画本を出してくれました。そんなの、嫌いだ、字がびっしり詰まったのでなければ、と言ったら、本屋さんが、びっくりしていました。一か月一冊で、二年間で、という予定なんですが。なかなか予定どおりにはいきません。こうして、いつも持ち歩いているのですけれど。

Bさん（農家。今は主な仕事は若夫婦に任せ、老夫婦はしいたけを作りながら、幼ないお孫さんといっしょに暮らしている）

下手な文章でも、孫が大きくなって読んだら面白いでしょうと思って、孫の言ったことや何か、こつこつ書きためているんです。

Cさん（若い方の卒業生。石川台中学校で文芸部だった看護婦さん）

皆さん、調べるなんてこと、したことないみたいで。索引なんか、利用しないし。レポートを出すとき、私が目次をつけて、表紙をつけているのを見て、びっくりして。

それから、私、小さい子どもの患者さんには、即席の童話を聞かせてあげるんですが、とても喜ばれて。作品なんていうものではありません。生活童話とかいうような、思いつくまま、でたらめですけど。

Dさん（もう年輩。ある事務局に勤めている）

みんな、なんにも言わないか、しゃべりまくるか、なんです。ぼくはそこは、あんなに習ったんだから、このことについては誰さんに発言してもらったらどうでしょうかと、話をほかの人にもっていったりするでしょう。ぼく、とてもいい話し手みたいに見られてるんですよ。

Eさん（子ども四人を女手一つで育てた。小さな食堂から始めて、今は支店を二つも持つレストランの社長）

とてもとても辛い時があって、先生にお手紙、めちゃくちゃ、書いたんです。だけど、出さなかったんです。書いたら、それでなんか落ち着いて、わかってきて、元気も出てきて。

これは、私が心のなかで喜んだ例ばかりです。こういう人は、そんなにたくさんいないでしょう。また、この反対のような人もいるでしょう。でも私は一人でも二人でも、こういう人がいるのを、うれしく思いました。言語生活の一角が一ミリ高められたように思いました。芦田恵之助先生が地上一ミリを高めようとおっしゃったのを思い出して、まねをしてみました。有名大学を出て、すばらしい活躍をしている人たち、それはもちろんそれでうれしいですけれど、それは私などにあまり関係のない、その人の力、努力、環境、めぐり合わせなどにあるように思われます。

この本は、最初に申しましたように、お話ししたものをまとめた小さな本ですが、話を読みものにするには、大幅な整理と細かいチェックを必要とする、かなり骨の折れる作業になりました。筑摩書房の柏原成光さんに、たいへん助けていただきました。厚くお礼申し上げます。

一九九五年　二月二〇日

大村はま

解説

苅谷剛彦

この本を手に取った方々の多くは、おそらく、現職の教師か、これから教師をめざす人たちでしょう。教師ではないけれども、教育という仕事に関係や関心を持つ人たちが含まれているかもしれません。そういう広い意味で、「教えるということ」に関わりを持つ人たちに向けたメッセージ――この本は、九十八歳でなくなる直前まで「教えるということ」に生涯を捧げた国語教師、大村はまさんの、一九九〇年代の講演をまとめたものです。教師たちを目の前に大村さんが語った言葉だけに、ここには教師という仕事への具体的で厳しい指摘があふれています。

大村はまさんは、一九〇六年に生まれ、東京女子大学を出た後、戦前は高等女学校で、戦後は東京の公立中学校で、国語教師として五十年以上にわたり実践を続けました。「単元学習」として知られるその実践の全貌は、『大村はま国語教室』（全十五巻別巻一、筑摩書房）に収められています。また、その人となりについては、『大村はま自叙伝　学びひたりて』（共文社）や、白寿を記念して出版された『かけがえなきこの教室に集う』（小学館）といった本をご覧になってみてください。

私自身は、国語教育の専門家でも、授業方法論の研究者でもありません。それなのにこの解説を書くようになったのは、大村先生との不思議な縁があったからです。私事ですが、私の妻は、大村先生が最後につとめた中学校の教え子で、晩年の先生の仕事を手伝う立場にありました。そういう関係から、私も自分が大学の教師になるときには、本書を含め、先生のご著書を参考にしました。教育の社会学的研究を専門とする私にとっても、学生たちが「自分の頭で考える」授業を展開する上で、大村実践から学ぶところがたくさんあったのです。

そういうつながりがある中で、大村先生と私と妻とが本を出すことになりました。ちくま新書『教えることの復権』（大村はま、苅谷剛彦・夏子著）です。この本の共著者だったことから、今回の解説を依頼されたのではないかと思っています。

この新書は二〇〇三年に出版されました。したがって、その準備は、「生きる力」の教育改革が始まった二〇〇一年から二〇〇二年を通して行われました。世紀をまたいで、日本の教育の世界で、子どもの学力についての議論が盛り上がっていた時期です。と同時に、教育現場では、新しく導入されることになった「総合的な学習の時間」への期待が語られ、子どもたちの体験学習を中心にさまざまな試みが展開された頃でもありました。

新書のタイトルを「教えることの復権」としたのには、こういう時代背景がありました。子どもたちの主体的な「学び」が称賛され、体験や活動が教育の中心とみなされ、それ自体が目的となる。子どもたちに進んで何でもやらせることが、「新しい学力」を作り出すのだという機運が教育界にみなぎっていたころでした。

「学び」が讃えられる反面で、教師の教える仕事はどうなってしまうのか。私自身、学校現場や教育委員会、教育センターのようなところに調査に行くたびに、教え込み、詰め込みの「旧学力」か、生きる力の新学力かといった単純な二分法的発想が広まり、そのことで、かえって教師たちの教える力や教えることへの自信が弱まっている印象を抱きました。

また、それとは反対に、学力の低下が心配され出すと、ストップウォッチを使ったドリル学習や、音読ブームが巻き起こりました。ふわふわした、とらえどころのない「生きる力」といったスローガンに対抗して、具体的でわかりやすい教授法がブームを呼んだのでしょう。主体的な学びの礼賛への反動だったといってもよいのかもしれません。しかも、これまた一種の流行となった「脳科学」のお墨付きを得たりして、これらは「科学的」な方法として広まっていきました。

大村先生のいう「教えるということ」は、手放しに子どもの主体的な学びに寄りかかるものでも、紋切り型のやり方で目に見える「基礎学力」をつけさせる方法でもありません。本書『日本の教師に伝えたいこと』の随所に書かれているように、教師が入念な準備をした上で、確実に身につけさせなければならない基礎の部分を、授業の工夫を通じて教える。その教えるということが、子どもの学びを誘い出すのであって、最初から子どもの学びに寄りかかるのでも、頭ごなしに教師が主導するのでもない方法です。

一カ所だけ、本書の中から引用してみましょう。

基礎学力というのは、現場の私たちがこんなふうにさせたい、それはどうしたらできるだろうか、と考える小さな工夫によって養われるようです。要求をそのまま口で言うのが一番だめです。こうしなさいとは言わない、言わないけれども、そうさせなくては、教師としては指導していないことで、教師は何しているのかということになってしまいます。そこにいろいろな工夫が生まれてくると思います。（二〇六ページ）

どうしたら子どもたちができるようになるのか。簡単に自分でできるようなことだったら、教えることの専門家としての教師は必要ありません。それぞれの教材や授業場面で、実際に何ができるようになることが、そのときつけさせたい力なのか。その力を身につけるのが簡単ではないから、そのための工夫を教師自身が具体的に考える。「自分の頭で考えてご覧なさい」とか「〇〇しなさい」とかいった「要求をそのまま口で言う」のは教師の仕事ではない、というのです。

引用した文章の中に「指導」という言葉が出てきます。この講演が行われた頃は、教師の仕事は「指導より支援」だというスローガンが盛んに言われていた時期です。子どもの「気づき」を大切にするためには、教師の介入は望ましくない。そういった授業観・学力観に立つ考え方でした。そういう頃に、あえて「指導」という言葉を使い、しかも、こうしなさいとは直接言わなくても、それがあたかも自然にやれてしまうところまで、子どもを導いていく。そういう方法を考えよ、というのです。子どもの気づきも大切でしょう。ですが、その気づきが、つけさせたい力に確実につながっていくかどうか。つなげるためには、「自分で考えなさい」といった要求の言葉だけでは不十分なのです。一見、子どもの主体性を尊重している「いい授業」に見えても、それだけで教師の仕事は終わらないはずだというのです。あと一歩を踏み出せる想像力が教師にあるかどうかという問題です。

私は、こういう大村実践に、先に言った単純な二分法的な教育観を超える可能性がふんだんに含まれていると思っています。頭ごなしの教え込みでも、子どもに寄り添うばかりの「学び」礼賛でもない、教師の十全な準備の上で現れる、この二分法を超えた「教え」と「学び」の融合——それを神秘的に語るのではなく、きわめて実際的で具体的な教え方、学び方の導き法（手引き）をいくつも編み出し、実行したことが、大村実践の最大の功績だと思うのです。

教師が果たすべき仕事は、ますます重要になっています。一九九〇年代以後、教育の世界では子どもが生まれ育つ家庭環境の影響を受け、子どもたちの学力や学習意欲の格差が拡大しています。いわゆるペーパーテストで測られる学力だけではなく、子どもたちが自分たちで調べたり発表したりする学習への関わりにおいても、家庭環境の影響を受けた明確な格差が存在しています。自分の頭で考える力の重要性が高まる中で、ほうっておいたら、どんな家庭に生まれ育つかによって、小学校の段階から学力や学習力の格差が生じてしまう。一方、大人の社会の方はといえば、以前にも増して、自己責任が問われ、競争が激しくなり、経済格差が広がっています。ある統計によれば、若者たちのおよそ三人に一人が、学校卒業後に進学せず直ちに正社員になるわけでもなく、フリーターや失業を経験したり、仕事につこうとさえしなくなっていると言われています。小中学校の一クラス三十五人で考えれば、そのうちの十人くらいに当たります。一方で小さいときから塾に行き、私立の中高一貫校から有名大学に進学しようとする人たちがいます。他方には、塾や私立に行く余裕もなく、公立学校だけが頼りの子どもたちがいます。大人になってからの競争や格差がますます厳しくなる今の日本で、どれだけの力を学ぶことに専念できる時期につけさせるか。大多数の子どもが通う公立学校の教師の役目は、以前にも増して大きくなっているのです。

厳しくなるのは、これから大人になる子どもたちばかりではありません。教員という職業をめぐる環境も、ますます厳しくなっていく様相が出始めています。財政難に端を発して、公務員数を減らそうという動きが起こり、教員だけは例外だとはいえなくなっています。もっと少人数の学級を、という教育界の願いとは逆方向の動きです。ほかの公務員に比べて給与面などで教員に優遇措置がなされてきた制度も廃止されそうです。近いうちに、現職教員にも免許の更新制が導入されるようになるでしょう。学校評価の導入や、その情報公開、保護者や地域住民の学校経営への参加といった、学校を開く試みもいっそう進められます。それだけ世間の厳しい目が学校や教員に向けられるようになるでしょう。さらには、教員評価の結果が、処遇に結びつけられる制度も導入されつつあります。しかも、今後十〜十五年くらいかけて、教員の世界では、大量の定年退職者を出しつつ、新たな教員を大量に採用する時代が間近に迫っています。教員の大規模な入れ替えが起きる時代に、教員という職業をめぐる情勢は、ますます厳しくなっているのです。

より高い質の教育が求められる時代に、教師をめぐる環境はきつくなる。こういう客観情勢のなかにあっても、学校という職場を支えていく中心は、やはり教師です。教育という仕事の大切さを社会全体に理解してもらい、もっと支援を得るための実績づくりも必要です。公教育への信頼が高まらなければ、厳しい財政事情のもとで、教育への支援を増やしていくことは難しいからです。教師はもちろんのこと、教育行政を含めて、教育の専門家の仕事ぶりが、ますます問われているのです。

教師の仕事ぶり次第で、教育は変わりうる。その中心に、やはり「教えるということ」があるのでしょう。自分の教えるクラスに、いつか社会的な貢献をする子どもが含まれているかもしれない。それほど目立たなくても、まわりの人たちに喜びや勇気を与えるようになる生徒がいるかもしれない。そして、クラスのだれもが、家族や地域や職場や社会の一員として、ひとそれぞれに、将来一人前の力が身につくようにしたい。そう願い、その可能性を信じるから、人を教えるという仕事に就くのではないでしょうか。

本当に残念なことですが、大村はま先生は、今はこの世にいません。でも、先生が「日本の教師に伝えたいこと」として残した言葉の数々は、教育という仕事への使命感に裏打ちされた厳しい注文であり、今の教師、これからの教師たちへの励ましのメッセージだと思います。私もひとりの大学教師として、伝えられたことを自分なりにかみしめ、また次の世代につなげていけたらと願っています。厳しさの中に、やりがいを見いだす人たちをどれだけ教育の世界にひきつけられるか。この本は、そこに至る道しるべでもあります。

本書は一九九五年三月二十日、筑摩書房より刊行された。

「思春期を考える」ことについて　中井久夫
表題作の他「教育と精神衛生」などに加えて、豊かな視野と優れた洞察を物語る「サラリーマン労働」や「病跡学と時代精神」などを収める。（滝川一廣）

「伝える」ことと「伝わる」こと　中井久夫
精神が解体の危機に瀕した時、それを食い止めるのが妄想である。解体か、分裂か。その時、精神はよりましな方として分裂を選ぶ。（江口重幸）

私の「本の世界」　中井久夫
精神医学関連書籍の解説、『みすず』等に掲載の年間読書アンケート等とともに、大きな影響を受けたヴァレリーに関する論考を収める。（松田浩則）

モーセと一神教　ジークムント・フロイト　渡辺哲夫訳
ファシズム台頭期、フロイトはユダヤ民族の文化基盤ユダヤ教に対峙する。自身の精神分析理論を揺るがしかねなかった最晩年の挑戦の書物。

悪について　エーリッヒ・フロム　渡会圭子訳
私たちはなぜ生を軽んじ、自由を放棄し、進んで悪に身をゆだねてしまうのか。人間の本性を克明に描き出した不朽の名著、待望の新訳。（出口剛司）

ラカン入門　向井雅明
複雑怪奇きわまりないラカン理論。だが、概念や理論の歴史的変遷を丹念にたどれば、その全貌を明快に理解できる。『ラカン対ラカン』増補改訂版。

引き裂かれた自己　R・D・レイン　天野衛訳
統合失調症とは、苛酷な現実から自己を守ろうとする決死の努力である。患者の世界に寄り添い、反精神医学の旗手となったレインの主著、改訳版。

素読のすすめ　安達忠夫
素読とは、古典を繰り返し音読すること。内容の理解は考えない。言葉の響きやリズムによって感性を耕し、学びの基礎となる行為を平明に解説する。

言葉をおぼえるしくみ　今井むつみ　針生悦子
認知心理学最新の研究を通し、こどもが言葉や概念を覚えていく仕組みを徹底的に解明。さらにその仕組みを応用した外国語学習法を提案する。

ハマータウンの野郎ども　ポール・ウィリス　熊沢誠／山田潤訳

イギリス中等学校〝就職組〟の闊達でしたたかな反抗ぶりに根底的な批判を読みとり、教育の社会秩序再生産機能を徹底分析する。（乾彰夫）

着眼と考え方　現代文解釈の基礎〔新訂版〕　遠藤嘉基　渡辺実

書かれた言葉の何に注目し、拾い上げ、結びつけ、考えていけばよいのか——59の文章を実際に読み解きながら解説した、至高の現代文教本。（読書猿）

新編　教室をいきいきと①　大村はま

教室でのことばづかいから作文学習・テストまで。創造的で新鮮な授業の地平を切り開いた著者が、とっておきの工夫と指導を語る実践的な教育書。

新編　教えるということ　大村はま

ユニークで実践的な指導で定評のある著者が、教師の仕事のあれこれや魅力のある教室作りについて、きびしくかつ暖かく説く、若い教師必読の一冊。

日本の教師に伝えたいこと　大村はま

子どもたちを動かす迫力と、人を育てる本当の工夫に満ちた授業とは。実り多い学習のために、すべての教育者に贈る実践の書。（苅谷剛彦）

大村はま　優劣のかなたに　苅谷夏子

現場の国語教師として生涯を全うした、はま先生。遺されたことばの中から60を選りすぐり、先生の人となり、思想、仕事に迫る、珠玉のことば集。

増補　教育の世紀　苅谷剛彦

教育機会の平等という理念の追求は、いかにして学校を競争と選抜の場に変えたのか。現代の大衆教育社会のルーツを20世紀初頭のアメリカの経験に探る。

古文の読解　小西甚一

碩学の愛情が溢れる、伝説の参考書。魅力的な読み物でもあり、古典を味わうための最適なガイドになる一冊。（武藤康史）

古文研究法　小西甚一

受験生のバイブル、最強のベストセラー参考書がついに！　碩学が該博な知識を背景に全力で書き下ろした、教養と愛情あふれる名著。（土屋博映）

国文法ちかみち　小西甚一

伝説の名教師による幻の古文参考書、第三弾！　文法を基礎から身につけつつ、古文の奥深さも味わえる、受験生の永遠のバイブル。（島内景二）

よくわかるメタファー　瀬戸賢一

日常会話から文学作品まで、私たちの言語表現を豊かに彩る比喩。それが生まれるプロセスや上手な使い方を身近な実例とともに平明に説く。

教師のためのからだとことば考　竹内敏晴

ことばが沈黙するとき、からだが語り始める。キレる子どもたちと教員の心身状況を見つめ、からだと心の内的調和を探る。（芹沢俊介）

新釈 現代文　高田瑞穂

現代文を読むのに必要な「たった一つのこと」とは……。戦後20年以上も定番であり続けた伝説の大学受験国語参考書が、ついに復刊。（石原千秋）

現代文読解の根底　高田瑞穂

伝説の参考書『新釈 現代文』の著者による、もうひとつの幻のテキストブック。現代文を本当に正しく理解するために必要なエッセンスを根本から学ぶ。

読んでいない本について堂々と語る方法　ピエール・バイヤール　大浦康介訳

本は読んでいなくてもコメントできる！　フランス論壇の鬼才が心構えからテクニックまで、徹底伝授した世界的ベストセラー。現代必携の一冊！

高校生のための文章読本　梅田卓夫／清水良典／服部左右一／松川由博編

夏目漱石からボルヘスまで一度は読んでおきたい文章70篇を収録。読解を通して表現力を磨くテキストとして好評を博した名アンソロジー。（村田喜代子）

高校生のための批評入門　梅田卓夫／清水良典／服部左右一／松川由博編

筑摩書房国語教科書の副読本として編まれた名教材の批評編。気になっていた作家・思想家等の文章を、短文読切り解説付でまとめて読める。（熊沢敏之）

謎解き『ハムレット』　河合祥一郎

優柔不断で脆弱な哲学青年——近年定着したこのハムレット像を気鋭の英文学者が根底から覆し、闇に包まれた謎の数々に新たな光のもと迫った名著。

ちくま学芸文庫

日本《にほん》の教師《きょうし》に伝《つた》えたいこと

二〇〇六年八月十日　第一刷発行
二〇二三年二月十五日　第十一刷発行

著　者　大村はま（おおむら・はま）
発行者　喜入冬子
発行所　株式会社　筑摩書房
東京都台東区蔵前二―五―三　〒一一一―八七五五
電話番号　〇三―五六八七―二六〇一（代表）
装幀者　安野光雅
印刷所　三松堂印刷株式会社
製本所　三松堂印刷株式会社

ISBN4-480-09009-6　C0137